新时代语言规范论集

XINSHIDAI YUYAN GUIFAN LUNJI

上海市教育科学研究院
国家语言文字政策研究中心

组编

上海辞书出版社

图书在版编目(CIP)数据

新时代语言规范论集/上海市教育科学研究院国家语言文字政策研究中心组编. —上海：上海辞书出版社，2023

ISBN 978-7-5326-6153-4

Ⅰ.①新… Ⅱ.①上… Ⅲ.①汉语规范化 Ⅳ.①H102

中国国家版本馆CIP数据核字(2023)第221880号

新时代语言规范论集

上海市教育科学研究院国家语言文字政策研究中心　组编

责任编辑　马　沙
装帧设计　王轶颀
责任印制　曹洪玲

出版发行　上海世纪出版集团
上海辞书出版社®(www.cishu.com.cn)
地　　址　上海市闵行区号景路159弄B座(邮政编码：201101)
印　　刷　浙江临安曙光印务有限公司
开　　本　720毫米×1000毫米　1/16
印　　张　12.75
字　　数　202 000
版　　次　2023年12月第1版　2023年12月第1次印刷
书　　号　ISBN 978-7-5326-6153-4/H·777
定　　价　78.00元

本书如有质量问题，请与承印厂联系。电话：0571-63783589

目　录

第一部分　语言规范政策与理论

第二部分　语言规范建设与治理

第三部分　语言规范与语言规划

第一部分
语言规范政策与理论

语言规范化的时代必要性及须重视的若干关系*

李宇明　　　　　　王　敏
北京语言大学　教育部语言文字应用研究所

摘　要　在当今的时间方位上，语言规范化还需不需要做、能不能做、应该如何做？文章从语言的本质功能、网络语言生活、海外华人语言生活、国际语言生活、语言智能的发展等方面论述了语言规范化的时代必要性，并就“强制性”与“示范性”、“自下而上”与“自上而下”、“稳定性”与“发展性”、“工具性”与“人文性”、“通用性”与“领域性”、“区域性”与“全球性”等6对关系，阐发了如何做好新时期语言规范化。

关键词　语言规范化　语言政策　语言规划　必要性　关系

清末至今百余年的中国语言规划，核心就是语言（文字）规范化。2001年，时任国家语言文字工作委员会（以下简称“国家语委”）主任的王湛指出：语言文字工作的具体任务，就是制定语言文字规范标准，推行语言文字规范标准。[1]2003年，国家语委确定的语言文字信息管理工作的思路是“以语言文字规范标准建设为核心，以信息化为主线，以评测认证为抓手，以语言工程建设和科学研究为基础”[2]。时至今日，语言生活发生了很大变化，语言文字工作的社会环境也发生了很大变化，但是“规范化”仍然具有时代的必要性。当然，语言规范化的观念及工作的方法、重点等

---

* 本文是在国家社会科学基金重大项目“新时期语言文字规范化问题研究”（项目编号12&ZD173）的子课题“新时期语言文字规范化的宏观研究”成果基础上撰写的。感谢参与这一子课题研究的王奇、孙海娜、戴红亮、陈茜、何瑞、陶昱霖，感谢参与项目管理、资料搜集和成稿工作的刘楚群、徐欣路、郑友阶、饶高琦、刘昌华、陈丽湘、李燕、赵运、王璐、梁京涛、张晓传、朱媞媞。本文原载《辞书研究》2020年第5期。

需因势而变，与时俱进。

本文在总结百余年来、特别是近70年来语言规范化工作的基础上，根据语言生活的新变化、语言事业的新目标、语言规范的新观念，讨论：一、语言规范化的时代必要性；二、语言规范必须重视的若干关系。

在中国，语言规划中必有“文字”内容，这是汉语汉字的独特性决定的。“语言规范、语言规范化、语言标准、语言标准化、语言政策、语言事业”等(A组)术语，也常跟“语言文字规范、语言文字规范化、语言文字标准、语言文字标准化、语言文字政策、语言文字事业”等(B组)通用。本文尽量使用A组术语，意义往往也等同于B组术语。

一、语言规范化的时代必要性

当今，普通话普及率已达80%左右，义务教育全面普及，基本扫除了青壮年文盲，语言文字规范化工作还需要做吗？现今流行的社会思潮是“后现代”，特别是网络舆论更加多元，反权威、反规范几乎成了惯性，语言文字规范化工作还能做吗？英语是世界上最通行的语言，除了辞书之外，没有谁再去做英语规范化的工作，英国英语、美国英语、澳洲英语、南亚次大陆英语、甚至还有中国英语都在使用；而汉语不仅有普通话，还有方言，还有海外华语，比之英语的情况，汉语真的需要规范吗？能够规范吗？一些基本的语言文字规范标准已经制定，并基本形成了体系，得到了推行，还有什么规范需要做吗？在语言文字规范化工作所处的当下历史方位，必须回答上述“四问”。

（一）语言的本质功能决定语言规范化的必要性

语言最基本的功能是交际，语言的生命也在于交际，失去交际功能的语言便成为了“化石标本”。语言只要付之于交际运用，就处在不断的发展变化之中，新的语言成分不断萌生，旧的语言成分逐渐衰亡，在语言成分的兴衰之中就会产生各种分歧现象。语言可以通过自组织能力去处理这些分歧，但这需要较长时间。(王希杰 1995；施春宏 2005)而所谓语言规范化，就是依照语言发展规律，在方言系统内确定共同语，在共同语系统中减少分歧。就交际而言，是保证信息畅通；就社会学角度看，语言文字规范对于各层级的社会资本和文化资本或多或少会产生影响。(王敏 2016；阿玛蒂亚·森，贝纳多·科利克斯伯格 2012；塞缪尔·亨廷顿，劳伦

斯·哈里森 2010)

当今社会,信息化和全球化的加速发展,网络空间的产生与快速发展,各语言(包括方言)间的广泛接触,使得语言发展变化的速度比以往任何时候都要大大加快。在语言快速发展的过程中,出现了大量的语言新现象,新词语每年以500多个的速度产生,新的语法现象不断涌现,很多表情包类的符号与文字协同使用。这些新现象有的符合现代汉语的构造规则,有的可能会成为新的规范,但也有需要进行干预、加以规范的现象。语言发展变化迅速的时代,更加需要语言规范,需要更加强大的语言规范能力。

(二)网络语言生活亟需新的语言规范

网络空间陆续产生了一大批网络新媒体,例如:网络新闻、BBS、博客、微博、短信、QQ、飞信、微信、微信公众号、微电影、以抖音和快手为代表的短视频等;书刊、报纸、广播、电视等"传统媒体"也主动或被动地移居网上,几乎都办起了自己的网络版。各种网络新媒体和迁来网上的传统媒体,营造了生机勃勃的网络语言生活。(刘昌华 2017;李宇明 2020)

网络语言生活不同于现实语言生活,但又与现实语言生活深刻关联、相互影响。为了网络语言生活的有序运行,为了现实语言生活的正常运行,都需要对网络进行语言规范化工作。但是,网络语言生活是一种独特的语言生活,有自己的运行特点和语言运用特点,而且网络媒体还在快速发展变化中,因此,不能用现实语言生活的规范对其进行简单规范,削足适履。网络语言生活需要新规范,但如何规范需要新探索。

(三)海外华人语言生活需要语言规范

普通话是多民族中国的通用语言,也是海外华人的共同语。"大华语"是以普通话/国语为基础的全世界华人的共同语,(李宇明 2016)海外华人的母语交际,使用方言或是大华语,使用简化汉字或是繁体汉字。为保证海外各华人社团之间的语言交际、海内外华人社团之间的语言交际以及海外的华语文教育,必须对"大华语"进行规范。

大华语的规范化与普通话的规范化有密切关系,因为普通话是大华语的基础。但是也有其特殊性,主要表现在两个方面:第一,工作重点在于各华语社区语言的沟通、对照、包容,减少交际误会,相互尊重且取长补短;第二,在制定规范时,以普通话为基础,但要充分考虑各社区的语言习惯,比如轻声、儿化现象要尽量减少,词汇上要尽量包容各地的创造,语法上也要宽容,比如"有+动词"就不应一概排斥。

(四)国际语言生活需要语言规范

随着中国的发展,中文的学习价值也不断攀升,世界上有越来越多的人希望学习中文。中国有400多家从事汉语国际教育的机构,每年有近50万人来中国留学,中国已成为世界重要的留学目的地。世界上有170多个国家开设了中文教育课程,70多个国家把中文纳入国民教育体系。孔子学院和孔子课堂是外国人学习汉语、了解中国的重要场所,截至2019年12月,有162个国家和地区建立了550所孔子学院和1 172个孔子课堂。中文教学显然需要一系列规范,其中包括教学目的语的规范。

这么多人学习中文,是为了使用中文。中文也是联合国等国际组织的工作语言或官方语言。制定中文在国际领域的各种应用规范,如何与国内的中文标准协调、如何与大华语的有关标准协调,如何促进中文标准进入各种国际标准体系,如何为国际语言生活提供人才支持等,都是需要积极考虑的。

(五)语言智能的发展需要语言规范

20世纪50年代,人类就开始进行机器翻译的尝试,训练机器进行语言信息处理。中文信息处理经过字处理、词处理阶段的艰难行进,已顺利步入话语处理阶段,正在努力让计算机具有语言智能。信息检索、自动翻译、机器写作、人机对话等领域的快速进展,得益于语言大数据的集聚与应用。语言数据的收集、管理及其数字化,都是需要规范的对象。

如今重要的语言交际,多数都是"人-机-机-人"的交际,分解起来就是"人-机""机-机""机-人"的交际。疫情期间的云端会议、线上课程、网络购物、网上就医等,都属于这种交际模式。可以说,语言不仅是人类的,机器也在学习和使用人类语言,逐步获取语言智能。"人-机-机-人"的交际需要语言规范。

规范是一个动态观念。已有的语言文字规范需要维护,需要根据语言生活的发展而及时更新;一些新的语言生活领域,如海外华人社会的语言生活、中文国际教育、国际语言生活、网络语言生活、语言智能领域等,也都需要语言规范。当然,不同领域的规范各有特点,规范之间需要沟通协调。总之,新的时代不是要不要语言规范的问题,而是要什么样的规范、怎样进行规范的问题。

二、语言规范必须重视的若干关系

根据几十年来我国语言规范的经验与教训，依照新的语言规范观，今后的语言规范化工作有若干关系是需要重视的，也是需要妥善处理的。

（一）语言规范的“强制性”与“示范性”

语言规范过去是很少分等级的，对于不大成熟的规范有时会标记“草案”“试行”等字样。这说明当时已经有了规范的柔性意识。现在的语言规范已有不同的等级：

A）法律法规；

B）强制性规范；

C）推荐性规范；

D）学术蓝本；

E）社会共识。

一般来说，法律法规、强制性规范是强制性的，其他都是“示范性”的。学术蓝本亦称“软规范”，是由政府部门或学术团队发布的“规范底本”。这个底本，经过继续研究或一定的程序，就可能发展为规范。学术蓝本的发布，一方面可以避免使不太完善的规范仓促面世，另一方面也可让需要者有所参考，并在参考试用中完善蓝本。这是规范化工作的一种创举。“社会共识”主要是指辞书、教科书及其他社会认可的语言规范。

语言规范最本质的特点是示范性，强制性则是相对的，这种相对性表现在以下几个方面：

第一，强制性的语言规范也都具有柔性，连语言文字的法律法规都是“柔性”的，处罚都是批评教育式的。例如《国家通用语言文字法》第二十六条规定：“违反本法第二章有关规定，不按照国家通用语言文字的规范和标准使用语言文字的，公民可以提出批评和建议。”这种柔性符合语言文字应用的特点。

第二，柔性的语言文字规范标准一旦引入法律法规，或者成为工作标准，就会“由柔变刚”。例如，《国家通用语言文字法》第十一条规定，“汉语文出版物应当符合国家通用语言文字的规范和标准”，这就赋予国家发布的相关的语言文字规范标准以强制性。再如，汉语拼音的拼写法是非强制性的，但是，《中文书刊名称汉语拼音拼写法》（GB3259—92）规定："国内出版的中文书刊应依照本标准的规定，在封面，或扉页，或封底，或版权页上加注汉语拼音书名、刊名。"这一规定，使中文书刊名称的汉语拼音拼写法带有明显的强制性。又如，《普通话异读词审音表》（修订稿）规定："自公布之日开始，文教、出版、广播等部门以及全国其他部门、行业所涉及的普通话异读词的读音、标音，均以此为标准。"这个本来是柔性的《普通话异读词审音表》（修订稿）据此便具有了刚性。

第三，机器强制人。现在的语言生活多借助机器进行，语言规范一旦成为机器的标准，进入"人-机-机-人"的交际模式使用者，就必须跟着机器走，规范具有了"强制性"。

第四，社会共识类的语言规范，本来是柔性最大的，但是在学习考试等具体作业中，在出版质量检查、播音考绩等某些工作规范中，教科书、辞书就具有刚性。而且，所有的语言规范只有成为"社会共识"，才具有最为本质的强制性。国家公布的语言规范必须与教科书、辞书很好地协调，才能保证规范的有效实施。

语言规范的特点就是刚中带柔，柔中带刚，刚柔并济。语言规范化工作就是要重视示范性，用好示范性，巧用强制性。

（二）语言规范的"自下而上"与"自上而下"

语言规范的本质是一种选择行为，是依照语言发展规律对影响语言生活的各种语言变项的选择。（李宇明 2015）语言规范选择的基本条件是：

第一，语言生活中，同一意义的表达出现了不同的表达变项；

第二，这些不同的表达变项影响了语言的学习或应用，语言生活提出了规范的需求；

第三，这些变项中已经呈现出"优势变项"。

语言规范化就是对这些变项及优势变项进行考察、评价，然后做出决定，制定出规范；之后，针对制定的规范进行一些系统协调和实施安排。语言生活中变项的情况以及提出规范要求，这个过程是"自下而上"的。而一旦进入规范程序，到作为规范颁布执行，便是"自上而下"的了。

比如"说服、说客、游说"中的"说"，语言生活中有"shuō、shuì"两读。《现代汉语词典》第7版，在"说服"中注音为"shuō"；在"说客"中也注音为“shuō”，但把“shuì”作为旧读注释出来；在“游说”中注音为“shuì”。《现代汉语词典》属于社会共识性的规范，它对这三个词中“说”音的不同处理，表明了对“shuō、shuì”优势性的不同评价：在“说服”中，“shuō”已是绝对优势，不必再管“shuì”这一旧读，尽管因受港台发音影响，现实中将“说服”读“shuìfú”的现象也不少。在“说客”中，“shuō”也是优势读音，但是仍承认“shuì”这一旧读的存在。但在“游说”中，“shuì”是优势读音，不应读“shuō”。

《现代汉语词典》的这一处理，充分考虑到语言生活的现实，但是也带来了一个新问题，就是没有照顾这三个词语“说”的读音的系统性，因此也可能带来新的学习与应用混乱。也许合理的规范，是将这三个词做统一处理，将“说”都注音为“shuō”，表明是提倡的读音，并注明旧读为“shuì”。这样既照顾了系统的一致性，有规范性的引导，又保持了与历史的关联、与港台读音的关联，照顾了一部分人的读音习惯，多了一些柔性。

语言规范都是“自下而上”和“自上而下”的结合。“自下而上”反映的是语言生活的实际，是规范的基础。没有这一基础，或者这一基础不扎实，所制定的规范就是“主观武断”的，不易执行。语言规范的制定和实施过程是“自上而下”的，“自上而下”要重视语言生活的已然基础，但也不能是“自然主义”甚至是“追认主义”，要有所引导，有所预判，有些实施举措。语言具有“约定性”。“自下而上”是一种“自然约定”，是语言社团隐性的“集体约定”，是一个长期的量变过程。“自上而下”是在某个点上的显性的“集体约定”，是一个质变过程。没有量变的积累，就不会有某点上的质变。但若没有显性的质变性的“集体约定”，语言生活就会分歧低效，语言文字系统就不能得到优化。

（三）语言规范的“稳定性”与“发展性”

语言规范既具有稳定性，又具有发展性；需要稳定中有发展，发展中有稳定。

语言规范的稳定性是由多个方面决定的：

第一，语言发展本身是一个缓慢、渐变的过程。其基本语音系统、基本词汇系统、基本语法系统和基本的语用规则、基本的书写系统，是比较稳定的部分；容易变化的是外围的语言成分和用法。因其稳而不影响交际，因其变而可表达新事物，满足了语言的新追求。语言发展的稳定性决定了语言规范的稳定性。

第二，系统的稳定性。语言规范是一个系统，系统内的成员不容易发生变化。一旦发生变化往往是牵一发而动全身，影响到与之相关联的前后左右。

第三，语言规范实施中，会产生一系列语言产品。规范的变动会带来一系列相关语言产品的相应变动。比如文字读音的规范，会在教材、辞书、信息化产品中实施；读音变动，就会要求教材、辞书、信息化产品等及时跟进。这是一个巨大的工程。

第四，语言规范是当下的语言规范，也牵涉到语言历史。比如，汉字简化会影响到古文阅读。再如，成语的字形或意义的改变涉及语言的古今联系，如“空穴来风”，语出战国时宋玉的《风赋》，意思是“有空穴才有风进来”，比喻事出有因；而现在的意思恰恰与此相反，意思是“流言蜚语”。这表明，语言规范在考察“优势变项”时，还应有长远一些的历史眼光。

当然，语言规范本身也需要不断发展。语言生活变化了，语言规范也不能泥古不化，特别是由于人口大迁徙、文化大融合、语言频繁接触、网络通信便捷、社会发展迅速等，使得新生事物层出不穷，语言生活日新月异。为了适应多彩多变的语言生活，语言规范就要根据现实情况及时调整。

语言规范的发展，要侧重那些原来规范空缺、薄弱的领域，侧重语言生活变化迅速且较为需要的领域，侧重语言的异变领域。对于已经形成固定语言习惯的领域，对于已经制定过规范的领域，规范化工作要持“异常谨慎”的态度。特别是对已有规范的修订，“能不动者不动，能小动者不大动”，否则会带来更多的混乱。“确凿”之“凿”、“呆板”之“呆”，因规范更易而造成很多人的困难——虽然更易后的读音也许更科学。语言是“约定俗成”的，这“约定俗成”甚至也包括“习非成是”。语言规范既应当讲究学理，也要讲究社会形成的已然习惯。（赵日新 2003；邹韶华 2004；施春宏 2009）

（四）语言规范的“工具性”与“人文性”

语言具有工具性和人文性。语言是人类最为重要的交际工具和思维工具，这是它的工具性。语言是文化的重要组成部分，同时又是文化最为重要的负载者、建构者和阐释者，且常常是民族的“图腾式”象征，这是它的人文性。

语言规范化工作，既要考虑其工具特性，也要考虑其人文特性。自清末开始的现代语言规划活动，考虑语言的工具性较多，但对语言的人文性考虑不足。比如汉语拼音化，是一个时期的思潮，很多志士仁人曾为之努力，但最终汉字还是保留了下来。周恩来总理早在 1958 年就代表国家表示，汉字拼音化的问题，“不属于当前文字改革的任务的范围”。汉语没有拼音化，不是像有些人说的，是由于汉语的同音词太多，书面语中的同音字太多，没办法拼音化，本质上是因为炎黄子孙对汉字情有独钟的文化情结。举些相关的例子：朝鲜语(韩语)、越南语与汉语的情况差不多，但是它们都改成了拼音文字。中亚的东干语，是汉语西北方言在中亚的特殊变体。19 世纪 70 年代回民起义，一些回民从陕甘地区陆续迁徙到中亚。东干语使用的是拼音文字，说明汉语是可以拼音化的。汉语没有拼音化，是文化的力量对语言规划的影响。

人名中的一些异体字，如“淼、喆、晢、犇、堃”等，曾经被废除，但人们取名还是愿意使用。(王宁 2013)把“荫”改“阴”也遇到很多麻烦，特别是“柳荫街”的人特别不愿意挂“柳阴街”的牌子。这就说明当年进行文字规范时，没有较好考虑社会的文化心理。当然，那个年代也不能苛求我们的前辈会有如此的“深谋远虑”。

语言最重要的作用是沟通，因此语言的工具性是最为重要的。我国语言规范多是关于语言工具性的规范，规范时也较多考虑的是工具性的问题，因此也遗留下来一些问题。而往往容易留下后遗症的也是人文性问题。今后，在继续关注语言工具职能的同时，要更多关注语言的文化职能。在语言矛盾多发频发的形势下，应该认识到多语言矛盾的背后其实是文化冲突。要通过全面而科学的语言规划，研究语言冲突发生机理，重视语言的人文性，不断促进语言生活的和谐。

(五) 语言规范的“通用性”与“领域性”

有的语言现象在某些领域中使用，比如行业专有名词；有的语言现象在一般领域中通用。换句话说，各个领域因其社会环境、工作任务等不同，会有特殊的语言生活，会出现特殊的语言现象和使用语言的特殊习惯。因此语言有通用性与领域性之分，语言规范也有通用性规范与领域性规范之分。

以往的语言规范化工作，主要关注点基本是通用领域的规范，如语音、词汇、标点符号等规范。就连 2013 年国务院发布的《通用规范汉字表》,也是冠以“通用”之名,虽然里面已经涉及了大量的人名、地名、科技术语等专名用字。今后,语言规范化工作除了继续关注通用领域的语言问题之外,还需要加强领域的语言规范。这是因为:

第一,领域语言生活也非常重要,需要多方面、多类型的语言规范。比如中小学语文教学、人名、地名、中医药、科技、博物馆、古文印刷等领域,都有特殊的语言文字问题需解决,需要语言文字规范。

第二,当今的语言生活,各领域交流日渐频繁,领域用语有可能很快就进入通用领域,影响通用领域的语言生活。比如2004年以来我国正式开展名为“嫦娥工程”的月球探测活动,2004年我国启动的具有全球导航能力的北斗卫星导航系统,都把航空航天的名词术语引入到大众语言生活;2020年“新冠疫情”的防控过程,许多医学用语正快速进入到通用语言生活领域。

做好领域的语言文字规范,需要加强对领域语言生活的研究,发展领域语言学。领域语言问题,无论是语言研究还是语言规范工作,目前都还是薄弱环节。

从更高层面看,我国有通用语言文字和民族语言文字,还有外语的教学与应用。过去,我国的规范化工作,在国家通用语言文字方面做的工作较多;在一些民族语言文字领域也做了不少工作,但是还不够;特别是外语的教学与应用方面的规范化工作,做得更不够,需要加强。

(六)语言规范的“区域性”与“全球性”

中国地处东北亚,但是汉语却漫步在全世界,一些民族语言也在跨境使用。我国过去的语言规范化工作主要在大陆,也做了汉字、汉语拼音等的国际规范化工作。中国正在由“本土型国家”转变为“国际型国家”,“一带一路”倡议和人类命运共同体的构建,要求以后的语言规范工作必须兼顾“区域性”与“全球性”。在制定、修订国内规范时要考虑到海外的各种因素,要积极把中国规范国际化,以便于国内外规范的协调。另一方面,当然也需要关注国际规范本土化的问题。

港澳是中国的特别行政区,“一国两制”不仅表现在政治制度上,也表现在语言制度上。但是内地与港澳语言规范的沟通协调十分必要,如普通话的教学应用、粤方言的用字、外语语种布局与教学标准、简繁书面语的转换等。特别是粤港澳大湾区的发展,这种沟通协调的面会继续加大,协调的必要性会更加显现、更加紧迫。

中国台湾地区也曾致力于汉语汉字规范的制定与国际传播，且其制定的规范在海内外也有一定影响。近十几年来，两岸的语言交流十分频繁，词汇、语法相互吸收，文字上相互识认，汉语拼音两岸共用；两岸语言学者也密切交流，有系列性的学术会议，出版了许多对照性的字典、词典，甚至两岸的文字学会还共同提出了"书同文"的建议，规划了优化简繁汉字的"路线图"。两岸间语言规范的协商合作，应当跟上两岸语言交流的步伐，进而起到促进两岸语言交流的作用，为风浪时起时伏的海峡搭建一座语言大桥。

世界华人社团的语言维持，应成为中国语言规范化工作的"分内之事"。华语是中文走向世界的先遣队，海外华人子弟是接受国际中文教育的主力军。华语是在"大华语"理念下以协调为主的规范、华语教育是在国际中文教育背景下以母语教育为参照的规范，是需要加强而丝毫不能放松的。

国际中文教育是一种"国际关系敏感型"教育，也是需要保持战略定力、长久蓄力、持续发力的教育。其中关键之一就是要做好与教育相关的各种标准。国际中文教育的规范，需要有母语教育的底蕴，需要有外语教育的特色，更需要与世界现代语言的外语教育的同框协作；需要实用、管用的朴实，也需要领先的教育技术、新潮的教育理念的高光点。全世界有各种汉语（中文）教学学会（协会），规范化工作要与这些学会（协会）协商，听取意见，争取获得其认可、欣赏、支持，把"卖方"的想法转化为"买方"的想法。

中文也是许多国家和国际社会使用的国际语言，要让这些国家和国际社会方便地使用中文，就必须考虑制定一套中文的国际标准。制定这套国际标准有以下几点要求：第一，国际协商。制定国际标准不是中方一家的"独角戏"，而是要国际协商，有些要在一定的国际标准化组织的框架内进行，形成若干国际标准。第二，中国标准的"国际化"。制定国际标准很难完全照搬国内标准，因为需要照顾国际上已经形成的使用习惯和它们的使用能力，国际标准常常是国内标准的一个"简本"。当然，我们也不希望国际标准与国内标准相差太远、甚至相互抵牾。第三，要提供国际规范的支持力量，帮助国际社会去实施。当然，这套国际规范应与中文国际教育相结合，教学和应用就统筹、统一起来了。

中国是外语教学大国，据估计学习外语的人群有 3 亿。（王文斌，李民 2017）外语教学的语种也在扩展，大学有上百个外语教学语种，约有外语教师 12.92 万人；中小学有英、日、俄、德、法、西 6 个外语教学语种，约有外语教师 132 万人。（中华人民共和国教育部发展规划司编 2019）外语教学中的语言标准是外国的母语标准，但需要"本土化"；教学标准是中国的，但需要参照"母语国"的规范或国际通例；同语种的不同教育层级之间，标准需要纵向协调；不同语种的外语教育标准之间，需要横向协调。特别要重视的是，外语教育标准会在一定程度上影响外语的"母语标准"制定。比如西班牙语，主要分布在西班牙和拉丁美洲，其规范需要协调。在西班牙语的规范协调中，美国的西班牙语教师组织具有一定的话语权，因为美国是西班牙语教育、使用的大国，这树立了外语教育影响母语规范协调的典型案例。中国的外语教育也应主动去"观察"有关的外语"母语国"的语言规范，以"观察员"身份加入某些规范化的组织中；甚至由"观察员"身份转化为"参与者"，把"买方"的一些想法转化为"卖方"的想法。中国曾经制定过一个《日本汉字的汉语读音规范》（2016）的软规范，就属于这方面的规范化工作。

此外，中国的一些民族语言是跨境的。跨境语言的数量有多少，是 30 余种还是 50 余种，这是一个需要在一定的语言识别理论指导下、通过语言调查解决的科学问题。跨境语言的中外规范，历史上有两个路向：相向与逆向。采取相向还是逆向，取决于不同时期的国家安全观，取决于不同跨境语言所涉国家之间的关系。但不管采取何种路向，在做本国语言规范时，都需要了解所涉国该语言的状况及其规范状况。如果采用逆向态度当然可以"自行其是"，如果采用相向态度，就需要进行语言规范的跨境协调。有些跨境语言，在我国既有民族语言教育活动，也有外语教育活动，比如蒙古语、韩国语（朝鲜语）等，这里也有规范协调的问题。

我国境内的一些民族语言，也有国际教育市场。语言规范也需要关注国际上的中国民族语言的教育状况，主动提供国际教育资源，包括语言教育规范等。比如藏语、维吾尔语、傣语等。我国过去主要关注的是中文国际教育，其实也需要关注民族语的国际教育问题。

由"区域性"到"全球性"，是中国语言规范化工作的重大开拓。这种开拓已经在进行，但是做得还不系统、不深入，其原因是时机不到或力所不及，或是思虑不周、眼力不及，或是觉得属于"敏感"问题而搁置。这种局面在构建人类命运共同体的大思路下，应有所突破。

三、结　　语

放眼世界，没有哪个国家像中国这么重视语言规范化工作，没有哪种语言有汉语汉字这么多的规范标准。这些规范标准配合着国家、地方的语言法律法规发挥了重大作用，是语言法治的一个重要组成部分，是中国语言规划的一大特色。

语言规范化基本上属于语言本体规划，但是它却有力地支持着地位规划、习得规划和声誉规划。我国把建立在汉语北方方言基础上的普通话作为国家通用语言，这是语言地位规划。地位规划的用语很柔，"普通话""国家通用语言"，都是从"大众通用"的角度命名，而没有使用"国语""官方语言"等命名。1982 年的宪法才规定"国家推广全国通用的普通话"，2000 年的《国家通用语言文字法》也是一部以批评教育为主的法律，语言立法也具有柔性。如此"柔性"的语言地位规划，为何能够保证普通话的语言地位如此牢固，原因就在于语言规范使其"柔中见刚"。

普通话的国内推广是成功的，从清末、民国，到新中国成立至今，只有百余年的时间，已经有 80%左右的人可以使用普通话。中文的国际教育也是很有成就的。其原因之一，就是普通话本体规划的成功，保证了学校教育和社会普及，树立了普通话作为优秀语言、有用语言的声誉。

今天，社会进入新时代，语言生活发生了巨大变化，但是语言规范化仍然是时代之必需，必须与时俱进地认真做好，特别是要重视语言文字规范的"强制性"与"示范性"、"自下而上"与"自上而下"、"稳定性"与"发展性"、"工具性"与"人文性"、"通用性"与"领域性"、"区域性"与"全球性"等关系，承故拓新，有所作为。

附　注

［1］见王湛主任在 2001 年度全国语委办主任会暨普通话水平测试工作汇报会上的讲话（教育部语言文字应用管理司，2005）。

［2］见李宇明《把握信息时代脉搏，全力推进语言文字信息化——语言文字信息化工作会议工作报告》（2003 年 11 月 5 日，长沙）。

参考文献

1. 阿玛蒂亚·森（Sen A.），贝纳多·科利克斯伯格（Kliksberg B.）. 以人为本：全球化世界的发展伦理学(*People First*).马春文,李俊江,等译.长春:长春出版社,2012.
2. 教育部语言文字应用管理司编.新时期语言文字法规政策文件汇编.北京:语文出版社,2005:334.
3. 李宇明.语言规范试说.当代修辞学,2015(3).又载祝克懿主编.多学科视野中的当代修辞学——“望道修辞学论坛”论文集萃.上海:复旦大学出版社,2016.
4. 李宇明主编.全球华语大词典.北京:商务印书馆,2016.
5. 李宇明.语言技术与语言生态.外语教学,2020(5).
6. 刘昌华.网络空间的语言生活研究.北京语言大学博士学位论文,2017.
7. 罗常培,吕叔湘.现代汉语规范问题.//现代汉语规范问题学术会议秘书处编.现代汉语规范问题学术会议文件汇编.北京:科学出版社,1956.
8. 饶高琦.基于计算方法的语言规范效力检测初探——以异形词整理工作为例.语言战略研究,2016(11).
9. 塞缪尔·亨廷顿(Huntington S P.),劳伦斯·哈里森(Harrison L E.)主编.文化的重要作用:价值观如何影响人类进步(*Culture Matters: How Values Shapes Human Progress*).程克雄译.北京:新华出版社,2010.
10. 施春宏.语言在交际中规范.北京:中国经济出版社,2005.
11. 施春宏.语言规范化的基本原则及策略.汉语学报,2009(2).
12. 王敏.公共政策视角下的语言规范化机制研究.北京交通大学博士后研究报告,2016.
13. 王宁主编.《通用规范汉字表》解读.北京:商务印书馆,2013.
14. 王希杰.汉语的规范化问题和语言的自我调节功能.语言文字应用,1995(3).
15. 王文斌,李民.论外语教育学的学科建构.外语教学与研究,2017(5).
16. 赵日新.汉语规范化问题的几点思考.中国社会语言学,2003(1).
17. 郑远汉.言语规范三层次.武汉大学学报,2000(5).
18. 中华人民共和国教育部发展规划司编.中国教育统计年鉴(2018).北京:中国统计出版社,2019.
19. 周恩来.当前文字改革的任务.北京:人民出版社,1958:17.
20. 邹韶华.论语言规范的理性原则和习性原则.语言文字应用,2004(1).
21. 周红云主编.社会资本与民主.北京:社会科学文献出版社,2011.

新时代语言文字规范的新挑战、新任务及因应策略*

赵世举

武汉大学文学院/中国语情与社会发展研究中心

摘　要　新时代,科技创新、社会发展和社会思潮等,都对语言文字规范提出了新挑战和新任务。这就需要语言文字规范工作回应社会新要求,重视机器语言规范、网络空间和虚拟现实空间的语言规范、语言道德规范等,推进规范理念务实化、规范研制科学化、规范实施现代化。

关键词　言规范新任务　机器语言规范　网络空间语言规范　语言道德规范

语言是社会的产物,总是随着社会的发展而发展;为语言应用服务的语言文字规范不可避免地深受社会因素的影响,自然也需要与时俱进;语言规范实质上就是人的行为规范,因为语言的使用不仅是言语行为,而且是行事行为,与人的各种具体行为相联系,从这个意义上说,语言文字规范往往就是一定的价值体系、思维方式、制度约束、行为准则和社会规范的体现,因此,语言文字规范非同小可,必须充分着眼社会发展的实际,适应社会发展变化,不断调整和优化语言文字规范理念及标准,以满足社会发展的需要。

当今我们正处于一个巨变的时代,方方面面的发展变化给语言文字事业和语言文字规范工作带来了许多新挑战、新需求和新任务,需要我们深入研究,积极应对,更好地服务社会。

---

* 本文为教育部哲学社会科学重大课题攻关项目“新时代国家语言文字事业的新使命与发展方略研究”(项目编号 18JZD015)的阶段性成果。

一、新　挑　战

目前,语言文字事业及语言文字规范工作面临的新情况、新问题,主要来自科技创新的影响、社会发展的需求和社会思潮的挑战。

(一) 社会形态的巨变

现代科技的发展,创造了与现实社会空间相对的网络空间和由虚拟现实技术(VR)及增强现实技术(AR)搭建的虚拟空间,由此人类有了第二生存空间。最初,人们穿梭于这两个社会空间之中。随着社会网络化和网络社会化的程度不断加深,两个社会空间不断融合,呈现出更为丰富多彩的社会形态。在这个崭新的社会形态里,智能机器正成为社会角色,社会结构发生深刻变革,正由"人—物"主客二元社会演变为"人—智能机器—物"三元社会结构。"人机共生社会"悄然走来。

在这个人机共生的社会中,人不仅要跟人打交道,还要跟机器打交道。比如我们要上网,要使用智能手机,要使用智能家电,要与机器人共事,要跟公共服务机器人交流等。人对机器的依赖程度不断加深。由此,语言的功能及其使用也在发生前所未有的深刻变化。那么,与此相关,语言文字规范也需要与时俱进,要从仅仅关注人的语言使用,扩大到关注人机交流和机器的语言使用问题。

(二) 语言和语言生活的变革

在这场新的社会变革中,无论从作为核心科技的语言智能发展看,还是从社会语言生活的巨变看,或是从社会对信息的获取、处理和利用的更高要求看,语言的相关方面也正在发生着前所未有的变革。

语言载体产生了新形式。在已有的语音表达、文字表达基础之上,又新增了数码表达形式。这种创新带来的是语言功能的新突破,使之由人际交流工具拓展为人机交流工具,初步实现了人机联通,也为人类更加便捷高效地处理指数级增长的信息和知识提供了更加智慧的手段。语言被再赋能。

语言生活发生了大变革。语言使用主体变化了,不仅人使用语言,机器也使用语言;语言使用场域拓展了,既在现实空间使用,也在网络空间及其他虚拟空间使用;语言使用方式变化了,从语言的表达方式、接受方式、存储方式,到处理方式、传输方式、表现方式等,都发生了巨大变化。

语言本体出现了一定的变异。最为突出的是“网络语言”的兴起，各种基于键盘或网络特性的新词新语不断涌现，其中许多走出网络，融入现实语言生活。

语言应用需求和语言服务方式也发生了不少变化。明显的表现是语言应用需求多样化、复杂化，语言服务系统化、简便化、精细化、智能化。

毫无疑问，语言和语言生活方方面面的巨大变化，给语言文字规范提出了许多崭新的课题，过去的某些规范理念和做法显然与现实语言生活实际不尽适应。如何针对新的语言现象和语言生活，更新语言规范观念，调适语言文字规范标准，是必须回答的重要现实问题。

（三）国家创新发展的需求

语言文字规范是语言文字社会应用和语言生活治理的重要依据，国家的创新发展需要语言文字规范的条件保障。最为紧迫的是，作为国家信息化智能化建设重要基础的语言文字的信息化智能化，需要与之相适应的语言文字规范标准。国家语言文字工作委员会 2018 年制定发布的《信息化条件下语言文字规范标准体系建设规划》，提出了“建立信息化条件下的语言文字规范标准体系”的任务和目标，正表明了这种现实需求。再者，党和政府正在大力推进的国家治理体系和治理能力现代化建设，也需要语言文字治理现代化的配合，这自然也离不开语言文字规范化的支持。此外，社会的新发展也对语言文字的一般社会应用提出了新的更高的规范化要求。

（四）社会思潮的冲击

随着社会的发展，尤其是信息化进程的推进，各种新思潮不断兴起，有些思潮对语言文字规范产生了冲击。最为突出的是以“批判”“解构”现代性为核心思想的后现代主义，它反对整体性和统一性，主张“去中心”“去权威”“多样化”。在这种思潮的影响下，有人开始质疑语言文字规范的正当性，甚至认为语言文字规范工作是思想禁锢的产物，主张语言自由主义。此外，极端语言人权论也片面强调语言自由，对语言文字规范工作不满甚至抵触。这些显然对语言文字规范是极大的挑战。

上述情况表明，语言文字规范工作正面临前所未有的挑战，同时也是发展机遇，需要回应时代需求，加快发展，更好地满足社会发展的需要。

二、新　任　务

社会的新发展和各方面的新挑战,赋予语言文字规范工作更多的新任务和更高的新要求。其中最为突出的是要统筹兼顾人的语言规范和机器语言规范问题。

（一）机器语言规范

计算机等智能机器已经深入人类生产生活的方方面面,人机共生共事逐渐成为普遍的社会现实。规范机器语言无疑是语言文字规范工作的崭新使命。

机器语言是机器运行和人机交互不可或缺的工具。它既具有自身的独特性,也与自然语言具有高度的关联性。其独特性主要体现为内部语言的个性;其关联性,既体现在机器内部语言以自然语言为基础,也体现在机器输出语言与自然语言的一致性方面。这决定了统筹自然语言规范与机器语言规范的必要性。为了确保机器语言的统一性和机器的高效运行、人机交流的有效性以及机器语言伦理的有序性,都必须开展机器语言规范工作,为信息化智能化的高质量发展创造有利条件。

机器语言是个全新的话题,有待深入研究。它涉及的领域非常广泛,以笔者肤浅的理解,它至少包括机器的内部语言、机器产出的语言、人机交互语言等方面,从深层次上说,还应包括机器语言智能设计及应用算法等。与此相关的很多方面都需要建立必要的规范,国家语言文字工作委员会《信息化条件下语言文字规范标准体系建设规划》提到了很多具体方面:“促进与国家通用语言文字应用相关的信息处理规范标准。支持汉语句法、语义、篇章处理技术规范的研制,促进有推广价值的技术以标准化的方式实现共享。推动国家通用语言文字规范标准在语音识别、机器翻译、机器写作、智能辅助学习和评测等前沿技术中的应用。”“推进不同领域语言文字应用相关的信息处理规范标准建设。研制语言文字相关数据库建设规范,促进各领域知识库、语料库等基础资源的开发和利用。完善少数民族语言文字信息处理相关规范标准,研制《国产多语种桌面操作系统通用规范》等,推动相关规范标准在语音识别、机器翻译等前沿技术中的应用。支持少数民族文字非拉丁字母字符编码国际标准和键盘布局、输入法等国家标准的研制申报。考察各种语言文字信息处理规范标准,对于与目前信息技术发展水平不符的规范标准，及时予以修订、替代或废止。为各类语言文字信息处理规范标准建设配套的评测框架，促进规范标准建设与评测相结合。”显然，这些都是当今及未来一个时期语言文字规范工作责无旁贷的任务。

（二）网络空间和虚拟现实空间的语言规范

有学者指出网络空间本质上是语言的空间。笔者（2018）也曾撰文《重视网络空间语言的规划与治理》指出，语言文字的运用是网络空间生成的必要条件。没有语言文字，就无以构建网络空间。语言文字是网络活动的最重要工具，网络活动其实主要是“以言行事”。人们主要利用语言文字在网络中查找资料、咨询问题、揭示奥秘、办理业务、交流思想、学习知识、交换信息等。即使是利用图片、视频、音频等，往往也需要语言文字辅助。没有语言文字，网络活动寸步难行。因此，规范网络空间的语言建设和语言生活的重要性不言而喻。与此相关，由虚拟现实技术和增强现实技术搭建的虚拟空间中的语言问题也日益突出，同样需要高度关注。

就目前的情况看，网络空间的语言失范、语情失控、语言信息失守、中文资源建设滞后等问题较为突出，相关管理不尽到位，也缺乏法规依据，迫切需要建立健全相关的语言文字规范乃至法制，强化依法治理，以保障网络空间健康、高效地运行，不断提升我国网络发展水平和网络空间的国际竞争力。

（三）语言道德规范

信息技术的发展催生了发达的自媒体，人类进入了几乎“人人都有金话筒”的时代。个体的随意发声，有可能由于网络的放大效应，瞬间成为影响巨大的热点。语言之力更加彰显，绝不可小觑。因此，个人加强语言道德自律、社会加强语言道德规范比过去更显重要，这不仅关系到语言文明和社会文明，而且直接影响社会安定。有必要在重视语言本体及其使用规范的同时，强化对言语行为和言语内容的规范，以维护语言生活和谐和健康。其实数千年前我国就有语言道德要求，先人以“人言为信”构字表达诚信之意，体现的就是语言道德理想，《周易》“修辞立其诚”的要求已成为基本的言语行为准则。

今天，语言文明在提升，但违背语言道德的现象仍屡见不鲜，某些方面还愈演愈烈，如语言污染、语言暴力、谣言、标题党、假大空文风、语言贿赂等，已构成社会公害，亟待整治。

三、因应策略

（一）规范理念务实化

传统的语言文字规范在一定程度上是建立在纯洁主义、理想主义基础之上的，奢望用一统的标准来实现语言应用的整齐划一，其实是不合语言实际的。尤其是随着语言信息化智能化技术的发展，语言生活更为丰富多彩，语言应用更加广泛，出现了很多前所未有的新情况、新问题，比如，机器语言规范问题、语言规范的人机兼容问题、基于网络和自媒体的语言规范实施问题、如何协调语言统一性与多样性的问题等。要有效地解决这些问题，就需要有新的思路和新的举措。笔者（2017）曾在《再论新时代的语言规范观》一文中提出，面对这些新情况、新问题，必须与时俱进，从语言生活实际出发，更新和调适语言规范观。最为关键的是，语言规范的制订，一定要以全面语言观为指导，一切着眼语言生活实际和社会发展需求，注重对语言的基本规律和特点及其不同属性、不同功能、不同价值、不同应用情景等进行全面观照，统筹兼顾，努力避免偏执一隅，顾此失彼。

更新语言规范观念的最大现实问题，就是要破除规范理想主义和纯洁主义，正视语言文字的多样性和语言生活的丰富性，一切从语言生活实际出发。为此我们曾提出“全面语言规范观”，其要义就是倡导务实的语言文字规范工作。注重语言文字规范的层次性和适切性，实施切合语言规律和语言生活实际的差异化规范，尤其要关注新的语言生活现象。

（二）规范研制科学化

从一定意义上说，由于客观条件限制等原因，过去的语言文字规范的制订，基本上是建立在理性主义基础之上的，在传统语言观和形式主义语言学影响下，往往抱定整齐划一的语言理想，主要根据学术理据和有限的个体语言经验来制订体现大一统的规范标准。但随着社会的发展和语言生活的不断丰富、语言需求的多样化，制订语言文字规范的传统观念和方法已不能完全适应当代社会生活，需要应运变革。重要的是，需要进一步增强规范研制的科学性，以保障规范标准的适切性。

语言文字作为社会公共产品和公共工具，具有高度的社会性和约定俗成的特点，与此相应，语言文字规范标准的制订，必须立足社会、着眼社会、依靠社会，全面而充分地把握语言文字发展规律和社会应用实际，科

学切实地研制。笔者认为,以下几点较为重要:

全样本分析。语言文字规范的研制,必须基于语言事实。过去,由于技术手段等方面的制约,要获取和处理巨量语料十分困难。规范标准的研制,往往只能依据有限的语料,有时难免存在一定的局限性,因而影响规范标准的接受度和适用性。今天语言信息技术的发展为我们处理巨量语料提供了很大的方便,应积极使用大数据等手段,尽可能地利用最大量的甚至全样本的语料开展基础分析,为科学制订语言文字规范标准提供充分而牢靠的语言事实依据。

全社会征询。语言文字规范是需要相应语言使用者全员遵守的社会规约。在语言文字规范标准研制的过程中,集思广益,充分凝聚社会共识,有利于提高规范标准的接受度。各种规范标准的制订,可以借助各种渠道和手段,在制订前充分调研,了解社会需求和意愿;在制订过程中,就制订意图、原则和具体方案广泛听取意见,以化解分歧,消除误解,不断完善方案,为保障规范标准的科学性和顺利实施奠定民意基础。

全方位测试。语言文字具有多功能性,语言生活具有复杂性,这决定了语言文字标准制订的高难度。要保证制订的规范标准适用于复杂的语言文字和纷繁的语言生活,并为使用者广泛接受,有必要在规范标准正式发布之前,在不同的范围、不同的层面、不同的场域、不同的情境下,进行全面测试,犹如企业新产品研发的“中试”环节,以检测规范标准的科学性、适用性和可行性,避免疏忽,确保能够顺利实施。

此外,从语言文字规范标准制订的实际情况来看,还迫切需要开展现行语言文字规范标准普查评估和新的顶层规划,通过普查评估,来摸清现实情况,总结经验教训,并根据当今语言生活实际和发展需要,进行语言文字规范的整体规划和系统设计,构建紧贴时代的语言文字规范标准体系。从具体操作来说,需要按照新的规范理念,做好语言文字规范标准的集成、剔旧、更新、纠偏、强弱、查漏、补缺等工作,以不断优化和完善。

(三)规范实施现代化

语言文字规范化最终要靠规范标准的有效实施来实现。就过去的语言规范实践来看,由于社会语言意识普遍淡薄等原因,对规范标准的推广、应用不够重视,不少规范标准的社会知晓度不高、执行不力,有的甚至形同虚设,影响了语言文字规范化的进程和效果。因此,需要进一步加大语言文字规范标准推广应用的力度。

所谓规范实施现代化，主要是贯彻现代社会治理思想，利用现代先进的科技手段，推动语言文字规范标准实施理念及手段的现代化，以促进规范标准更加广泛、有效地推广和应用。以下几个方面较为重要：

贯彻"治理"理念。改变过去单向监管的做法，采取协商共治的理念和模式，增强语言文字使用者在语言文字规范方面的主体意识和责任意识，调动其积极性，发挥其能动性，让被动要求变为自觉行动，携手推进规范标准的贯彻落实。

增强"服务"意识。语言文字规范化的目的就是为了让语言文字更好地服务全体大众，保障社会语言生活和谐运行与健康发展。因此，语言文字规范的实施，应以服务的姿态积极融入主体事业和社会语言生活，有针对性地为有关方面提供语言文字规范服务，避免做"语言警察"，以减少阻力，保障规范标准的顺利实施。

致力全社会知晓。重视规范标准的广泛推介，促使公众熟悉规范、遵守规范。只有让公众都能够掌握和自觉遵守，才能实现规范化的目标。

借重科技手段。在规范标准实施的宣传、应用、评测等各个环节，充分利用现代科技手段尤其是信息技术，以提升实施效率和效果。

加强语言法治。依法治理社会语言生活，是实施语言文字规范的有效办法之一。我国的语言文字法制建设还相对薄弱，不利于社会语言生活的依法治理，需要加快建设。《中华人民共和国国家通用语言文字法》已不尽适应社会发展实际，需要及时修订；法规缺位还较多，需要加快立法；现行语言法规都过于柔性，不利于落实，有必要区分情况，增加部分法规的刚性，实行刚柔相济。

参考文献

1. 国家语言文字工作委员会. 信息化条件下语言文字规范标准体系建设规划，2018.
2. 李宇明. 努力解决语言生活中的真问题——在《中国语言文字规范化标准化发展报告》编写启动会上的讲话，2018－12－1.
3. 张日培. 国家整合中的语言规范：理由、限度与革新——现代中国的语言规范实践，复旦大学硕士学位论文，2009.
4. 赵世举. 再论新时代的语言规范观. //中国应用语言学会编. 第九届全国语言文字应用学术研讨会论文集. 北京：中国书籍出版社，2017.
5. 赵世举. 重视网络空间语言的规划与治理. 光明日报(智库版)，2018－1－11.

试论新时代新征程上的语言文字规范标准建设*

张日培　杜宜阳

国家语委国家语言文字政策研究中心/上海市教育科学研究院

摘　要　文章回顾了我国语言文字规范标准建设的历史成就,深入分析了新时代新征程上,高质量发展、实施科教兴国战略、推进文化自信自强、增进民生福祉、推进实现祖国统一和构建人类命运共同体等国家战略对语言文字规范标准提出的新要求。以"六个必须坚持"为指导,探讨新时代语言文字规范标准建设的新理念,并从语言文字应用、语言文字信息处理、语言文化传承发展、语言治理四个方面尝试建构新时代语言文字规范标准体系,提出对语言文字规范标准建设内涵拓展的思考。

关键词　语言规范　语言标准　规范标准建设　新时代　语言治理

语言文字规范标准建设是语言文字工作的核心内容、重要任务,是包括语言文字规范标准的科学研究、制定修订、宣传普及、推行使用等的系统工程。新中国语言文字规范标准建设取得了巨大成就,党的二十大擘画的全面建设社会主义现代化国家宏伟蓝图对语言文字规范标准建设提出了新的、更高的要求。本文在梳理已有实践、分析面临需求的基础上,讨论新时代新征程上语言文字规范标准建设的发展理念和体系框架。

* 本文系国家语言文字工作委员会"十三五"科研规划重点项目"新中国语言规划术语研究"(项目编号 ZDI135－120)和上海市教育科学研究项目"城市语言规划视角下上海市语言文字监测与评估体系构建研究(项目编号 C2021204)"的阶段性成果。

一、新中国70多年的实践基础

新中国成立以来，我国制定颁行了一大批语言文字规范标准，构建了与社会发展需求基本适应的语言文字规范标准工作体系，为经济社会发展和国家建设做出了重要贡献，为新时代语言文字规范标准建设奠定了扎实基础。

（一）颁行了数量众多的语言文字规范标准

我国颁行的语言文字规范标准数量众多，[1]覆盖国家通用语言文字、少数民族语言文字、外国语言文字、手语、盲文等我国语言生活中使用的各种语言文字，涉及语音、文字、拼写、词汇、语法、翻译、转写、数字和标点符号用法规范等各个方面，有"面向社会使用的"和"面向信息处理的"之分。这些规范标准大致可以进行以下内容聚类：普通话和现代汉语规范类、汉字及汉字文本规范类、汉语拼音及拼写转写规范类、少数民族语文规范类、中文信息处理类、语言资源建设类、语言能力分级及相关测试类、外语中文译写类、中文外语译写类、手语规范类、盲文规范类、语言服务类等。

（二）形成了特点鲜明的规范标准体系框架

我国的标准化体系包括国家标准、行业标准、地方标准、团体标准以及等效采用的国际标准等，其中既有专门针对语言文字的，也有不少包含语言文字的内容。同时，国家语言文字主管部门（国家语言文字工作委员会，以下简称"国家语委"）颁行了相当于行业标准的"语言文字规范（GF）"，推出了具有试用、引导性质的"绿皮书软规范"。此外，语言文字领域的规范标准很多通过文件的形式做出规定，包括全国人大、国务院和国家有关部门的文件；语文辞书、工具书等出版物，语言资源类数据平台等，也在规范和服务社会语言文字使用方面发挥着重要功能。因此，我国语言文字规范标准体系主要包括：国际标准（ISO）、国家标准（GB）、语言文字规范（GF）、规范文件、语言文字软规范、团体标准（如世界汉语教学学会团体标准 ISCLT、翻译行业团体标准 TAC、语言服务行业规范 ZYF 等）、出版物（如术语手册、语文辞书等）、网络资源平台等。

（三）构建了与社会发展需求基本适应的语言文字规范标准工作体系

一是科学研究体系。国家语委科研项目 2001 年设立之初主要就是为了推进和支撑语言文字规范标准研制，当前仍以语言规范为重要内容、以规范标准文本为重要成果方式。20世纪80年代，国家语委就设立专门机构"语言文字应用研究所"开展相关研究；新世纪以来，国家语委进一步依托有关高校或科研单位建设了一批以语言文字规范化标准化为主攻方向的研究型基地。近年来，国家民族事务委员会、民政部、全国科学技术名词审定委员会（以下简称"全国名词委"）等也推出各自科研项目，其中很多服务于相关语言文字规范标准的研制与应用。

二是制定修订体系。在国标层面，国家标准委下设的负责全国语言文字标准化工作的专门技术委员会（TC500）、负责书面语言转写标准化工作的"TC4/SC2全国信息与文献标准化技术委员会书面语言转写分技术委员会"[2]秘书处均设在国家语委；同时，TC28/SC2、TC62/SC1、TC62/SC2、TC233、TC527等与语言文字规范密切相关的技术委员会的主管部门也是国家语委委员单位。除了国标，国家语委还负责制定修订"语言文字规范（GF）"和"绿皮书软规范"。为规范语言文字规范标准的制定修订工作，国家语委制定颁布了《语言文字规范标准管理办法》，成立了"语言文字规范标准审定委员会"。此外，为规范字母词使用，教育部、国家语委还牵头成立了外语中文译写规范部际联席会议制度，通过网络平台定期发布推荐使用的外语词中文译名。

三是宣传普及体系。多年来，国家语委及其相关委员单位主要从3个方面推动语言文字规范标准的宣传普及。（1）出版发行。除了中国标准出版社出版的国家标准单行本，商务印书馆出版的"绿皮书软规范"、各学科名词以及不同出版社出版的各类语文辞书外，为方便社会使用，商务印书馆、语文出版社、上海辞书出版社等还出版了一系列语言文字规范标准汇编类图书。（2）网络系统和平台建设。国家语委建设的"中国语言文字网""国家语言资源服务平台"等，提供语言文字规范标准查询服务。民政部建有"中国·国家地名信息库"。全国名词委建有"术语在线"。此外，融媒体语文辞书发展迅速，《现代汉语词典》《新华字典》等权威语文辞书推出数字版和相关网络应用（App），可在线查询。（3）重点人员专门培训。语言文字规范标准使用的关键岗位主要包括语文教师、出版物编辑等。新世纪以来，国家语委等部门连续对相关人员开展语言文字规范标准培训，将相关培训纳入"国培计划"，累计举办数百期培训班，培训了数万名人员。

四是使用监管体系。教育部、国家语委制定颁布了部门规章《信息技术产品国家通用语言文字使用管理规定》,为信息时代语言文字规范管理提供了法治依据。同时,在国家语委跨部门统筹协调机制的架构下,各委员单位各司其职,结合行业业务,依据相关法律法规,对职责范围内的语言文字应用的规范标准符合性情况进行监督管理。地方语言文字工作委员会积极开展出版、教育、交通、旅游、文化、体育、商贸等重点领域语言文字使用规范监督检查,上海等地将"语言文字使用规范情况监测"作为法律制度写入语言文字地方性法规或规章。社会力量也积极参与语言文字使用规范监督检查,如《咬文嚼字》杂志数十年坚持"匡谬正俗",还连续发布"年度十大语文错误"。

(四)为社会主义现代化建设做出重大贡献

一是促进了汉语言文字的现代化。汉语的现代化肇始于清末以降,作为文化领域民族救亡的重要探索,以助力全民文化素质提升为宗旨,以文字表音化(新文字运动)、语音统一化(国语运动)、语体口语化(白话文运动)等为主要路径。到新中国成立前的半个多世纪时间里,在现代化的大方向上取得积极进步,但由于国家力量的孱弱,也存在着突出的语言文字混乱局面,未能形成稳定成熟的现代汉语体系。新中国成立后,基于现代汉语规范问题学术会议等的深入讨论与酝酿,国家从语音、词汇、语法三个方面明确提出现代汉语的标准——"以北京语音为标准音,以北方话为基础方言,以典范的现代白话文著作为语法规范",并在党的坚强领导下,以强大的国家力量推进汉字整理与简化、汉语拼音方案研制、普通话审音、现代汉语词典编纂、教学语法系统描写建构等系列工作,推动现代汉语体系走向成熟。改革开放以后,国家进一步提出"语文现代化"理念,成立语文现代化学会,将语文现代化的含义界定为"语言通用化、文体口语化、文字简易化、表音字母化、中文电脑化、术语国际化"[3]。新中国成立以来的语言文字规范标准建设的主体内容即围绕这"六化"展开,有效促进了汉语的现代化,为"中国式现代化"提供了现代化的语文工具。

二是促进了中华优秀语言文化的传承发展。中国式现代化中的语文现代化,即中国特色的语文现代化,不是与传统割裂甚至抛弃传统的语文现代化,而是基于传统传承的"创造性转化、创新性发展"的现代化。新中国的汉字现代化(文字改革)没有废除汉字,而是对数量庞大、字形繁难的汉字进行整理和简化,以适应现代社会的使用需求,[4]2013

年国务院颁布的《通用规范汉字表》是汉字现代化的集大成者;同时,国家还制定颁布了《古籍印刷通用字规范字形表》,填补了繁体字规范标准的空白,对传承汉字文明具有重要意义。我国语言资源丰富,以多样性方言和少数民族语言为载体的口传文化发达,与作为语文现代化首要含义的“语言通用化”(推广普通话)的推进相同步,国家实施“中国语言资源保护工程”,及时用科学化、数字化、多模态手段调查、记录、保存、展示随经济社会现代化发展而迅速变化衰减的方言、民族语言及其口传文化,《中国方言文化典藏调查手册》《中国语言资源调查手册　汉语方言》《中国语言资源调查手册　民族语言》《中国语言资源保护工程工作规范》《中国语言资源保护工程验收规范》《中国语言资源保护工程建库规范》《中国语言资源保护工程汉语方言用字规范》等系列规范标准对规范工程实施发挥了重要作用,为多样性语言文化资源的精准保存、科学保护做出重要贡献。此外,《辞源》《古代汉语词典》《汉语大词典》等辞书对古代汉语的记录、描写在服务教学、研究等专业领域需求的同时,也在社会传承中发挥着重要作用;“中华思想文化术语工程”产出的《中国思想文化术语》等成果对中华思想文化术语的整理、诠释、外译、传播,为传承传播中华文明和中国人民在长期生产生活中积累的宇宙观、天下观、社会观、道德观等,做出了重要贡献。

三是促进了社会语言生活的和谐健康发展。语言文字是随经济社会发展而动态变化的系统。我国的语言文字规范标准建设经历了从“静态规范”到“动态规范”的嬗变。新世纪以来,为妥善处理好语言规范和语言发展的关系,国家提出区分刚性规范(语音规范、文字规范等)和柔性规范(词汇规范、语法规范等)、区分“面向人的”规范和“面向机器的”规范等语言规范理念,推出“试用”“引导”性质的“软规范”,对语言系统中变化最为活跃的词汇系统的变化情况进行监测记录,在新时期规范汉字标准、普通话语音标准、字母词使用规范等规范标准研制中统筹“学理”“俗实”关系并对社会实际使用情况进行调查统计和计量分析,连续20多年出版《中国语言生活状况报告》、开展“汉语盘点”活动,引导社会建立对相关语言问题的理性认识,有效促进了社会语言生活的和谐健康发展。

四是为中文走向世界提供了强大助力。近现代以来,数千万华侨华人将中文带到全球各地。中文要进一步成为全球性语言、全人类的公共产品，一方面是基于国家经济、政治、文化、科技实力的持续提升，另一方面对高质量开展中文本体规划和建设提出了迫切要求。全球视角下的中文本体规划，本质上是全球范围内的语言治理。面对不同政治制度、文化背景下全球各地华语社区的中文使用差异，记录、描写实际使用状况，以辞书、资源库等形式服务全球的中文使用，面向全球推广普及中文的教学标准，成为全球中文治理的重要路径，是中文母语国的重要责任，《全球华语词典》《国际中文教育中文水平等级标准》等是重要的标志性成果。此外，《文献工作——中文罗马字母拼写法》(ISO 7098)作为中国人名、地名和中文文献罗马字母拼写法的统一规范，2022 年冬奥会上代表团入场时依据的中文名汉字字序标准等，都为中文走向世界提供了强大助力。

五是为扫除文盲、普及教育做出了重要贡献。新中国成立初期，我国文盲率高达 80%以上。快速提高全民科学文化素质、投入社会主义建设，是党和国家面临的迫切命题。汉字庞大的数量和繁难的字形成为教育普及的拦路虎，文字改革成为国家文化领域的头等大事。70 多年来，我国基础教育全面普及，文盲率下降至 2.67%，整理简化汉字、研制汉语拼音方案辅助识字教学、推广普通话“三大任务”的推进实施及相关规范标准成果，功不可没。

六是为国家信息化发展奠定了重要基础。面向信息技术的系列语言文字规范标准，成功解决了汉字编码、输入/输出、编辑、排版等相关技术问题，使汉字成功进入计算机，使古老的汉字插上了信息化的翅膀，在信息化时代焕发出新的生命力，为国家信息化发展奠定了重要基础。当前我国网民数量已经超过 10 亿，半个世纪以前基于相关规范标准的汉字进入计算机问题的成功解决，厥功至伟。

七是为构建信息无障碍社会发挥了重要作用。语言文字是交际工具、信息载体，语言文字规范标准建设旨在促进交际各方语码一致、顺畅交流。不论是面向大多数人推广普及全民性的通用语、标准语，还是为视听残障人士、在华外籍人士等特定人群提供语言服务，语言文字规范标准建设为推广普通话、推行规范汉字、推行汉语拼音方案、促进语言信息技术发展、加强手语盲文服务、提升公共服务领域外文服务水平、规范语言翻译服务行为等，做出了全面系统的贡献，为构建信息无障碍社会发挥了重要作用。

二、新征程上的新需求

党的二十大擘画全面建设社会主义现代化国家宏伟蓝图,指出要“以中国式现代化全面推进中华民族伟大复兴”,提出建设制造强国、质量强国、航天强国、交通强国、网络强国、农业强国、海洋强国、贸易强国、教育强国、科技强国、人才强国、文化强国、体育强国和数字中国、健康中国、美丽中国。强国是指一个国家综合实力达到了一定的水平,能够在国际上发挥重要作用。标准是强国的重要标志之一,标准代表着话语权。新征程上,语言文字规范标准建设面临新需求。

(一)高质量发展的需求

高质量发展离不开标准化水平的提升。语言文字是人类最重要的交际工具,关乎各领域的标准化建设。一方面,语言文字规范标准建设自身需要不断提高质量,保障语言文字在各领域事业高质量发展中更好发挥工具作用。另一方面,在制造强国、质量强国、航天强国、交通强国、农业强国、海洋强国、贸易强国、科技强国等建设领域,加强术语等的语言文字规范标准建设,以及以我国语言文字为载体的产品标准、工艺标准、服务标准等的建设,推动中国标准引领世界,更是社会主义现代化强国建设的必然要求。此外,“强国必须强语,强语助力强国”,语言强国的衡量标准取决于国家语言能力的强弱,国家语言能力的建设与提升、国家语言文字事业的高质量发展,需要规范标准的引领。

(二)实施科教兴国战略的需求

教育、科技、人才是全面建设社会主义现代化国家的基础性、战略性支撑。党的二十大提出推进教育、科技、人才“三位一体”协同融合发展,做出加快建设教育强国的重要部署,强调“加大国家通用语言文字推广力度”。建设教育强国对做强语言教育提出迫切要求,对照教育强国的内涵和评价指标,(李伟涛 2023)语言教育如何实现自身强、贡献大、人民满意度高、世界认可度高,如何提升国家意识呈现度、语言规划执行力、语言人才供给力、语言文化传承力、语言治理支撑力,迫切需要标准引领。语文课程教学,特别是基础语文教学如何在“加大国家通用语言文字推广力度”中发挥应有作用,语文知识教学如何统一与规范,迫切需要标准支撑。

（三）推进文化自信自强的需求

党的二十大报告特别重视社会主义文化建设，指出“坚持和发展马克思主义，必须同中国具体实际相结合，必须同中华优秀传统文化相结合”，要求“推进文化自信自强，铸就社会主义文化新辉煌”。习近平总书记在文化传承发展座谈会上进一步强调，在新的起点上继续推动文化繁荣、建设文化强国、建设中华民族现代文明，是我们在新时代新的文化使命。全国宣传思想文化工作会议正式提出习近平文化思想。语言文字不仅是人类最重要的交际工具，还是文化的要素和标识，是人类文明的重要载体。传承发展中华优秀传统文化，增强中华文明传播力、影响力，践行“两个结合”，要求语言文字规范标准建设的对象不再局限于现代语言文字，而要拓展至传统语言文字，为中华优秀传统文化的诠释与传播、整理与出版等提供用语用字规范的基础依据；不再局限于国家通用语言文字，而要拓展至蕴含丰富中华文化信息的多样性语言资源，为记录、保存国家资源提供科学依据；不再局限于语言形式，而要拓展至语言内容；不再局限于语言本体，而要拓展至人的语言（文化）能力素养；不再局限于语言，而要拓展至对语言文化工程的管理。

（四）增进民生福祉的需求

为民造福是立党为公、执政为民的本质要求。党的二十大提出到2035年实现基本公共服务均等化的发展目标。语言文字作为人们最基本的交际工具和信息载体，是获取公共服务时不可或缺的工具要素。加强公共语言服务体系建设，为不同语言背景、不同语言能力的人士在获取基本公共服务的过程中扫清语言障碍，是实现基本公共服务均等化目标的有力支持。推动公共语言服务要素纳入基本公共服务体系，需要根据国家基本公共服务标准建设相关要求，明确公共语言服务的覆盖对象、核心内容、服务标准及负责单位等，结合不同行业领域特点细化领域语言服务规范标准建设，不断丰富和完善公共语言服务体系，使之有效融入国家公共服务标准体系建设。同时，在国家推进无障碍环境建设背景下，语言服务的规范标准建设还需要与国家无障碍建设的规范标准相适应。一方面要不断完善国家通用盲文、手语的相关规范标准，另一方面要加强公共语言服务国家标准、行业领域标准和行业标准研制，明确应当提供语言服务的具体情形、服务主体、服务范围、服务形式等。

（五）推进祖国统一大业的需求

实现祖国完全统一是中华民族根本利益所在，是不可阻挡的历史大势。党的二十大再次强调祖国完全统一一定要实现，也一定能够实现。实现祖国统一大业，需要国防、经济、政治等各项事业提供坚强保障，也需要文化事业在促进两岸同胞心灵契合中发挥应有作用，需要语言文字规范标准建设在促进两岸以及港澳书同文、语同音方面发挥应有作用。深入研究两岸及港澳地区汉字规范标准的异同，以大陆规范汉字体系为主体，较充分地关照港澳台地区的汉字使用状况，改进大陆规范汉字体系尚存在的不足，处理好“类推简化”等问题，制定面向两岸和港澳地区的书同文方案，随着两岸统一任务的来临，已经十分迫切。

（六）推动构建人类命运共同体的需求

构建人类命运共同体是世界各国人民前途所在，是促进世界和平与发展的中国方案。助力人类命运共同体构建，需要语言文字规范标准建设建立全球视野，将全球化带来的语言需求的多样性与复杂性等纳入考量范围，加大公共语言产品供给，积极参与全球语言治理。需要在全球视角下加强中文本体建设，协调处理好中国大陆和遍及全球的华语社区在中文本体建设方面的关系，使中文成为全球共享的优质公共产品。需要以中文教育教学标准的国际应用，带动中文本体规范标准的全球普及。需要加强华校帮扶标准体系建设，通过建设一批针对不同国家和地区、不同在地国语言政策和语言生活背景，以帮扶为激励手段，既包括基本办学条件，更指向师资队伍、教材选用、教学标准选择等内容的，服务性、引导性、推荐性的华校办学标准，推动中文本体标准在全球华语社区的普及应用。需要以标准化手段传播中国的语言政策理念和实践经验，加强中国语言资源保护工程的学术规范、管理规范、质量标准等的国际传播，推动其成为国际标准，为全球语言治理贡献中国智慧。需要研判同我国语言文字相关的国际标准的空白和不足，积极发起和参与相关国际标准的制定修订，在全球语言治理中提升我国的话语权和主动权，保障国家利益，维护国家安全。

（七）推进国家治理现代化的需求

治理现代化是高质量发展的重要保障，是中国式现代化的重要内容，被称为第五个现代化。“十三五”以来，国家将语言文字治理现代化提上议事日程，列为语言文字工作的重要任务。标准化是现代治理的重要路径，《国家标准化发展纲要》（2021）明确指出，“标准是经济活动和社会发展的技术支撑，是国家基础性制度的重要方面。标准化在推进国家治理体系和治理能力现代化中发挥着基础性、引领性作用”。语言文字治理现代化应当充分用好标准化手段。一方面要用标准化手段规范社会语言文字应用，另一方面要用标准化手段规范语言文字工作开展，促进语言文字事业高质量发展。治理是法律手段、行政手段、教育手段、宣传手段、服务手段、建设手段的综合运用、系统建构，是政府和社会的共同参与，是公共服务和市场服务的协同互补。语言文字治理也不例外，语言文字治理体系的完善、治理能力的提升，在每一个节点上都需要加强规范标准建设。

三、新时代语言文字规范标准建设的新理念

面对全面建成社会主义现代化强国、“以中国式现代化全面推进中华民族伟大复兴”（二十大报告）新征程上的新需求、新挑战，高质量推进语言文字规范标准建设需要深刻领悟“六个必须坚持”所蕴含的习近平新时代中国特色社会主义思想的世界观和方法论精髓，立足中国语言国情，充分吸收中华传统语言规范理念、语言文字规范标准建设长期积累的实践经验和理论成果。

（一）坚持人民至上，以满足人民对美好语言生活的向往为建设目标

将满足人民对高品质语言生活的美好向往与期待作为语言文字规范标准建设的宗旨与目标。面向社会深入开展语言规范标准建设需求调查，重点关注语言障碍人士、老龄人士、语言少数群体等语言弱势群体和教育、医疗、法律、媒体、应急管理等与民生密切相关的公共服务领域。在充分掌握社会需求的基础上，合理设置规范标准建设优先级。如社会呼声强烈的普通话轻声、儿化词标准，异形词规范，汉字形体标准等基础通用标准，以及人名地名用字及其读音规范等，应列入新时代语言文字规范标准建设的优先议程。

（二）坚持自信自立，立足本土语言规范实践经验与理论成果

扎根中国语言生活沃土的雅正观、追认观、选择观、柔性观、服务观、预测观、动态观、得体观等语言规范观念，是新时代语言文字规范标准建设的宝贵理论资源。站在两个百年的历史交汇点，在普通话基本普及的目标已经实现、我国语言规范取得重大成就的基础上，新时代语言文字规范标准建设需要在充分吸收本土语言规范理论精华的同时，秉持科学的语言规范观，不断提升科学性、体系性、时代性。评判语言现象的优劣与规范与否，需要具备专业的知识基础，也需要更加科学的语言规范标准体

系做支撑。这一方面需要在研制相关规范标准的过程中秉持更加严谨、科学的态度与理念，增强规范标准的权威性；另一方面，规范标准的研制要有立足当下、面向未来，立足中国、面向世界的高度与境界。

（三）坚持守正创新，平衡好规范标准建设的稳定性与发展性

语言规范既有稳定性和继承性，又有动态发展和因应社会生活变化而变化的特点。平衡好语言文字规范标准建设的稳定性与发展性不仅关乎当下社会信息传递与沟通交流的便捷顺畅，也关乎中华优秀语言文化的传承发展。一方面，语言规范的发展，要侧重那些原来规范空缺、薄弱的领域，侧重语言生活变化迅速且较为需要的领域，侧重语言的异变领域；对于已经形成固定语言习惯的领域，对于已经制定过规范的领域，规范化工作要持“异常谨慎”的态度，特别是对已有规范的修订，“能不动者不动，能小动者不大动”，否则会带来更多的混乱。（李宇明，王敏 2020）另一方面，语言文字规范标准建设要随着时代发展和科技进步与时俱进。比如过去的汉字字形规范工作过多地关注写字的难易，而进入信息时代，写字的难易已不再是关键问题，汉字字形规范化的理念和原则都需要做出相应的调整。对于少数特别不合理简化字的处理、简化字类推的范围、繁体字形的规范等问题，应统筹布局，尽快拿出可行的解决办法，适时做出调整。（王立军 2022）语言文字是全民使用的工具，语言文字规范标准的规制对象面向全民，已有语言文字规范标准的修订，在“变”与“不变”之间面临两难，如何破解这一困境问题，考验治理能力，亟待探讨良策。化整为零、及时就个别问题予以回应，分类指导、将语言文字规范标准变动的利益关联者控制在最小范围、将切身利益的关联度降至最低，增设使用指南、标准执行说明性质的“语言文字规范使用指南”类标准形式等，都是可供讨论的政策工具。

（四）坚持问题导向，着力解决语言规范标准建设面临的新挑战

我国语言文字规范化标准化建设在取得巨大成就的同时，还存在一些明显的问题与不足。基础通用标准还存在缺口，领域专用标准还较匮乏，语言文字规范标准的推广应用面临培训资源不足、社会使用习惯有阻力等不少困难，语言文字规范标准建设所涉不同部门之间的协调性有待进一步增强，学科建设和专业人才储备等明显不足。特别是我们正在进入“人机共生”的时代，机器智能输出自然语言对语言本体建设、人机共同参与语言生活对语用规范治理等都带来新挑战、新问题。新时代语言文字规范标准建设需要逐一针对这些问题加强攻关。

（五）坚持系统观念，基于“大语言文字工作观”加强规范标准顶层设计

“大语言文字工作观”的全面确立与不断强化是语言文字战线坚持系统观念的重要体现。在“大语言文字工作观”理念指导下，语言文字工作的内涵、外延不断拓展。《国务院关于全面加强新时代语言文字工作的意见》(2020)从坚定不移推广普及国家通用语言文字、加快推进语言文字基础能力建设、切实增强国家语言文字服务能力、积极推进中华优秀语言文化传承发展、大力提升中文国际地位5个方面提出15项重大举措，特别提出“加强国家语言发展规划，将国家通用语言文字推广普及、语言文字规范化标准化信息化建设、民族语文教育、语言资源保护利用、外语教育、国际中文教育、语言人才培养等统一规划、统一部署”。这为进一步完善语言文字规范标准体系的顶层设计提供了重要遵循。

（六）坚持胸怀天下，在全球视野中规划语言规范标准建设

新时代语言文字规范标准建设不能仅仅着眼于国内的需求和问题，而是要将中国置于世界语言生活的大环境中思考语言文字规范化标准化问题。这一方面需要大力推动中国语言规范标准走向国际，提升中国在国际语言文字规范标准制定中的话语权与影响力；另一方面，也要注重相向而行，借鉴吸收国际语境中语言文字规范标准建设的有益经验与成果。

四、新时代语言文字规范标准的体系框架

国家语委2018年颁布的《信息化条件下语言文字规范标准体系建设规划》(以下简称《规划》)聚焦“信息化”时代背景和发展主题，主要从两个维度构建了语言文字规范标准体系。一是语种维度，包括国家通用语言文字、专门领域汉语汉字、少数民族语言文字、特殊群体语言文字、外国语言文字和其他语言文字；二是规范对象维度，包括“面向人的”语言文字一般规范标准和“面向机器的”语言文字信息处理规范标准。随着形势的发展，对照党的二十大提出的新任务、新要求，本研究以“助力社会主义现代化强国建设”为主题，以提高站位、扩大视野、丰富类型、完善层级为理念，在《规划》的基础上进一步探讨提出“以语言文字应用、语言文字处理、语言文化传承发展、语言文字治理为主干，覆盖各层级”的新时代语言文字规范标准体系框架，具体见图1所示：

新时代语言文字规范标准体系
内容
语言文字应用规范标准
通用类
专用类
国家通用语言文字
少数民族语言文字
外国语言文字
手语、盲文
跨语言
语音
文字
拼音
词汇
语法
数字、标点
翻译转写
法律公文
新闻出版
有声官媒
教育教学
能力测评
科学研究与技术
人名地名
一般社会应用
语言文字处理规范标准
汉语言文字
少数民族语言文字
外国语言文字
手语、盲文
字符编码
词处理
句法处理
语义处理
篇章处理
语音处理
NLP技术评测
语言资源建设
语言文化传承发展规范标准
传统汉语言文字
传统少数民族语言文字
中华优秀语言文化
语言本体
术语话语
资源建设
素养测评
语言文字治理规范标准
语言文字治理体系
语言文字治理效能
国家语言能力
区域语言能力
城市语言能力
公共语言服务
市场语言服务
市场语言产品
语言文字科学研究
语言文字数据治理
语言文字工程管理
督导评估
监测评价
服务质量
产品质量
形式
国际标准
国家标准
语委规范
语委软规范
行业标准
团体标准
企业标准
地方标准
语文辞书及其他相关出版物

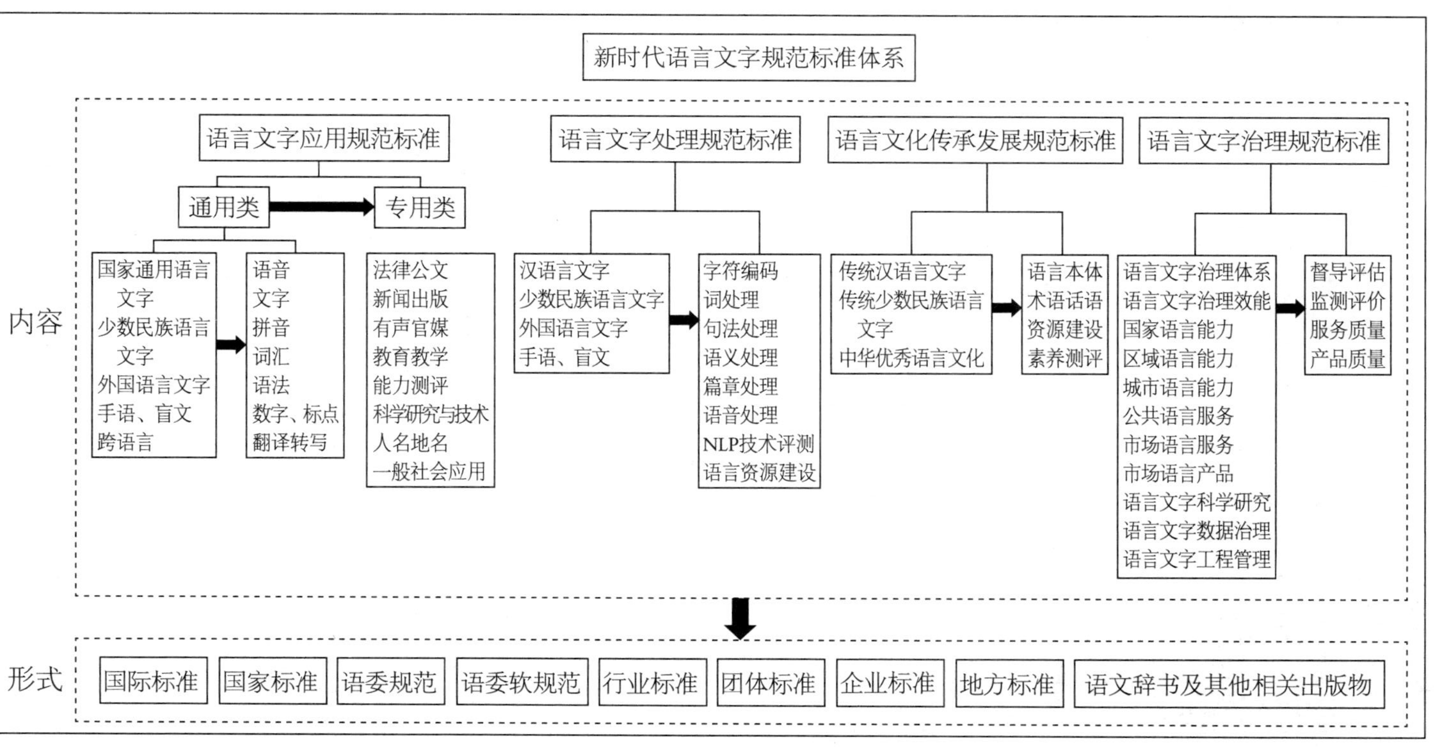

图1

（一）内容维度

“语言文字应用规范标准”和“语言文字处理规范标准”承继《规划》“语种”和“规范对象”二维交叉的建构思路，覆盖语言文字规范标准建设的传统内容。在此基础上，进一步强调了针对领域语言文字规范使用的“专用类”语言文字应用规范标准建设，提出了专用标准建设的主要领域。语言规范应坚持“分类指导、分层规范”。法律公文、新闻出版、有声官媒、教育教学、能力测评、科学技术、人名地名等领域应当模范执行基础通用标准，同时又有各具领域特色的特殊需求，应根据不同需求制定实施内容更为具体的规范标准。目前针对特殊需求的规范标准不多。有的领域不够用、遇到的很多语言问题尚无明确的规范或标准可执行，社会对此呼声强烈，如教育教学特别是基础语文教学、人名地名用字及其读音规范等。有的领域还是空白，如医疗卫生领域的药品名、设施名等“零翻译”现象导致的非专业人士难记难认难区分问题，迫切需要加强相关专用标准建设，以促进语义翻译、便利人民群众日常生活；再如店招店牌等语言景观是执行基础通用标准，还是兼顾中华优秀语言文化传承制定专用标准，值得探讨。

“语言文化传承发展规范标准”维度因应贯彻落实“两个结合”、推进文化自信自强、推动中华优秀传统文化传承发展、建设社会主义文化强国、建设中华民族现代文明的战略部署，因应国家文化战略背景下新时代语言文字工作在内涵、任务、要求等方面可以预见的格局性变化。作为一个独立的维度，其内容体系进一步建构为：关于传统汉语言文字、少数民族语言文字以及包括汉语方言文化和少数民族语言文化在内的中华优秀语言文化的语言本体、术语话语、资源建设、素养测评等的规范标准。已有的《古籍印刷通用字规范字形表》《中国语言资源保护工程汉语方言用字规范》等规范标准，可以从《规划》提出的“专门领域汉语汉字规范标准”分类维度中进一步提升站位，纳入此维度。

“语言文字治理规范标准”是落实“大语言文字工作观”的重要体现，是宽口径全口径高质量推进语言文字工作、促进语言文字治理体系和治理能力现代化的必然要求，也是地方标准、行业标准、团体标准、企业标准发挥作用的主要场域，是构建立体化规范标准体系的现实路径。“语言文字应用规范标准”“语言文字处理规范标准”等属于国家事权，必须全国统一，而包括语言教育培训与语言能力、语言文化传承与资源建设、语言服务、语言管理等的语言文字治理规范标准，可以结合地方、行业、企业的实际和现实发展水平，在国家标准基础上设定更高标准，推动和引领高质量发展，从而构建起立体化的规范标准体系。作为一个独立的维度，其内容体系进一步建构为：关于语言文字治理体系、语言文字治理效能、国家（区域、城市）语言能力、公共语言服务、市场语言服务、市场语言产品、语言文字科学研究、语言文字数据治理、语言文字工程管理等的督导评估、监测评价、服务质量、产品质量等的规范标准。这个维度的设立，使语言文字规范标准的内涵在语言文字本体建设的基础上进一步拓展，所涉及的基础研究，超出语言学研究范畴，亟待引起重视，加强多学科、跨学科研究。

（二）形式维度

本体系框架的形式维度覆盖国际标准、国家标准、语委规范、语委软规范、行业标准、团体标准、企业标准、地方标准、语文辞书及其他出版物等各层级和各形式。这要求进一步完善语委统筹的语言文字规范标准建设治理体制。语言文字规范标准数量众多、涉及部门众多，当前不同规范标准之间互相抵牾和冲突的问题不同程度存在，不同部门之间的协调性有待进一步增强，非语言文字部门主导的标准化工作有悖于我国语言状况和语言政策的情况也客观存在。需要进一步确立语言文字部门在涉语言文字问题的规范标准建设方面的权威性，进一步完善国家语委牵头、参与部门广覆盖、协同制度强有力的语言文字规范标准工作体系。

五、余　　论

本文对新时代语言文字规范标准建设的需求分析和体系构想，努力将语言文字、语言文字工作、语言文字规范标准建设置于其所处的社会系统中加以观察和考量，努力“跳出语言看语言”，这是新世纪以来我国语言生活研究的重要理念。随着“语言文字治理规范标准”的提出，语言文字规范标准的内涵进一步拓展，我们尝试将其界定为：

> 语言文字规范标准是为了推动语言文字在社会生活中更好发挥作用，使社会语言文字应用规范有序，促进社会语言生活和谐健康发展，助力各领域高质量发展，由专业人员根据语言文字的科学规律和

语言生活实际研究制定,或经有关方面协商一致,为社会语言文字应用及其治理提供规则、指南的文件及相关特定形式。

当前,生成式人工智能技术正在加速迭代并迅速向社会各领域渗透,其对社会经济发展的变革性影响仍在演进之中,对语言文字事业带来的机遇和挑战也有待更为耐心细致的考察和分析。这需要进一步完善国家语言文字规范标准的建设治理机制,对这些可能产生深远影响的社会变量保持高度重视与长期关注,不断完善语言文字规范标准体系,有力促进语言智能技术及相关产业发展,敏捷回应人机共生环境中新产生的语言规范治理问题,以国家语言文字规范化标准化的高质量发展有力推动国家语言文字治理体系与治理能力现代化的内在要求,为语言文字事业助力强国建设、民族复兴伟业提供关键支撑。

附　注

[1] 一说有约300种。

[2] 该分技术委员会的业务范围如:参与国际标准ISO 7098《文献工作——中文罗马字母拼写法》的制修订工作。

[3] 语文现代化学会官网:http://www.yuwenxiandaihua.com/。

[4]《汉语拼音方案》也不是文字,而是弥补汉字表音功能不足的,并用于汉字不便或不能使用的领域的辅助性工具。

参考文献

1. 李伟涛.教育强国基本内涵与指标体系构建.中国教育学刊,2023(2):1-6.
2. 李宇明,王敏.语言规范化的时代必要性及须重视的若干关系.辞书研究,2020(5):1-10,125.
3. 王立军.信息时代语言生活亟须加强汉字规范.语言战略研究,2022,7(6):5.

新中国七十年语言规范观的嬗变与思考*

郭龙生

教育部语言文字应用研究所

摘　要　文章从规范、语言规范的定义入手,试图梳理回顾新中国七十年来语言规范观的嬗变轨迹及其背后的原因。20世纪50年代初期,新中国成立伊始,百废待兴,百业待举,为改变全国80%多的成人都是文盲的局面,国家大力加强文化事业发展,实行语言文字三大任务,提倡规范使用语言文字。为此,国家有关部门开展了一系列以语言文字规范为目的的活动,文章按照历时的顺序客观分析了我国语言规范观的嬗变,同时分析了不同历史时期在不同语言规范观指导下的语言规范实践,并在思考与总结中,阐明当下在信息化时代语言生活对语言规范提出的新的要求,希望能够有适应时代发展需要的语言规范观,以期为切实提高中国语言治理体系与治理能力的现代化、为提高国民语言能力和国家整体语言实力服务。

关键词　新中国　七十年　语言规范观　嬗变　思考

一、引　　言

2019年,时值新中国成立七十周年,各个学科都在回顾梳理七十年来所走过的心路历程,总结经验教训,以便走好今后的发展之路。为此,本文试图梳理回顾七十年来现代汉语规范观念的嬗变情况,并提出自己的一点思考心得,以求教于学界诸位方家。

---

* 本文在压缩篇幅后,以《语言规范七十年》为题,刊发于《中国语言政策研究报告(2022)》(商务印书馆,2023)。

二、语言规范的定义

(一) 规范

"规范"一词,有四个义项。第一个义项是作为名词,指约定俗成或明文规定的标准、准则,模范、典范。例如:语音规范、语法规范、道德规范、行为规范等。第二个义项也是作为名词,指规模、规格。例如:苏联最大规范的日报《真理报》。这里所建的毗卢阁规范雄伟。第三个义项是作为形容词,指合乎标准与准则的。例如:这样说比较规范。第四个义项是作为动词,指使言行及其结果等合乎标准、准则。例如:规范市场秩序;规范人们的言行。可见,"规范"一词,常见的有三种含义:一种更多具有名词性色彩,指称静态的规范或标准,甚至规模、规格等具体成果形式或某种形态,属于事物范畴;一种更多带有形容词性质,说明某种言行及其结果是规范的、符合标准的,属于性质状态范畴;一种更多地带有动词性色彩,指的是使某种言行及其结果符合规范与标准的要求,是为了实现这些静态的规范准则的内容要求而进行具体的工作,属于社会行为范畴。

"规范化",则更多带有动词性色彩,按照毛泽东(1991)在《反对党八股》中所说的,"化者,彻头彻尾、彻里彻外之谓也",规范化就是使事物及其发展符合一定的标准与规定的要求。

(二) 语言规范

所谓"语言规范",一般认为应该是约定俗成或明文规定的语言的标准与规则等。吕冀平(2000)[10] 在《当前我国语言文字的规范化问题》一书中讲道:"作为一个术语,'语言规范'指的是语言系统在相对稳定的状态中所提供的能正确表达而又为绝大多数人所接受的语言形式。"罗常培、吕叔湘(1956)[2] 在《现代汉语规范问题》一文中指出:"语言的'规范'指的是某一语言在语音、词汇、语法各方面的标准。"我们认同这一观点,即语言规范,是指在言语实践中巩固下来并为人们普遍接受的使用各种语言材料(语音、词汇、语法)的准则和典范。在书面语中,还包括书写规则。规范对于言语社团的成员来说具有强制性,是使用某种语言的人所必须遵守的。有了规范,人们就有了应该遵循的准绳和努力达到的目标,知道什么是"正确的",什么是"不正确的"。这样就有可能对自己的言语活动加以自觉的控制和调整,努力提高言语修养,改正不正确的发音,不生造词语,尽量避免造出不合乎

语法的句子，避免写错别字，等等。(戚雨村，黄达武，许以理，等 1993)[457]

作为一个历史范畴，语言规范不是一成不变的。它不仅随着历史的发展而发展，而且还是历史发展到一定时期的产物。语言在一定的历史时期内是合乎规范的，在另一个历史时期就可能发生变化，产生变异。而变异后的语言现象往往会突破原有的规范，于是就可能会变成新的规范。这是因为语言在不断地变化和发展之中，不论什么时候，凡是符合语言发展规律的现象都是规范的。确定语言的语音、词汇和语法的规范不是一件容易的事。既要考虑它的稳定性和继承性，又要看到它的发展和变化。语言在不断发展，新质要素在逐渐积累，旧质要素在逐渐衰亡，而新的语言现象的出现，只要是符合语言发展基本规律的，就会发展成为新的规范，从而保证语言规范的可持续发展。那些突破原有语言规范，又不符合语言发展规律的语言现象，往往就会被历史所淘汰，成为违背语言规范的不规范现象，而遭到语言使用者的摒弃。因此，语言规范必须具有一定的稳定性，能够使语言使用者在一定的时间跨度和空间范围内有所遵循，并能按照语言规范的要求来不断地规范自己的言行。然而，语言规范不能成为一劳永逸性质的僵死的、一成不变的规矩和要求，语言规范必然会随着语言生活的发展变化而不断地与时俱进；语言规范也必须是动态地发展的，而不能是停滞不前的、僵化的；语言的规范应该是发展中的规范，语言的发展是规范指导下的发展。

那么，为语言的运用确定标准，并通过国家行政命令和专家引导的力量，使语言按照这个标准来发展，这种语言规范的行为就是语言规范化。具体而言，就是根据语言发展的规律，在某种语言的语音、词汇、语法等方面的分歧或混乱现象中，确定大家都应遵循的规范标准，指出那些不合规范要求的东西，通过语言研究的著作如语法书、工具书、语言学著作等明文规定下来，并通过各种宣传教育的方法与手段，大力推广那些合乎规范的现象，限制并逐渐淘汰那些不合乎规范的现象，使人们在共同遵守语言规范的前提下进行有效的交际，使语言沿着一条统一的正确道路向前发展，以构建和谐的语言文字生活，这就是语言规范化。

三、语言规范的种类

参考戴昭铭(2003)的研究成果，我们尝试根据不同标准来为语言规范进行分类。

（一）根据规范的组成部分，语言规范有如下三种基本类型

1. 代码规范

即某种语言的标准变体，或从一组语言中选出并由官方或全民使用的某一种语言。

2. 特征规范

指口语或书面语在任一平面上（语音、音位、形态、句法、正字法等）的典型特征及其产生和使用规则。

3. 行为规范

指与言语行为相联系的一套行为常规，包括与别人交往时预期的行为模式，对所说内容的接收方式以及对别人言语行为方式的一般态度。（巴姆博斯 2003）[229]

（二）根据规范的对象与规模，语言规范可分为如下两种

1. 自发规范

所谓“自发规范”，就是指植根于语言本体的、比较零碎的、局部的或因一时一地的交际需要，或以习得母语为目标而发生的规范。

2. 自觉规范

所谓“自觉规范”，就是指由国家机关、语言决策机构、语言研究机构和语言专家所发起和从事的宏观的、全局的、大规模的规范活动。它以国家民族的总体利益和长远发展为目标，是在认识了解语言文字发展变化的总规律的基础上进行的，目的是要推行一种全国或各民族共同使用的标准语，从而消除由种种原因产生的形形色色的语言变异所带来的交际障碍，促进民族语言的健康发展和实现旧规范向新规范的过渡。这种自觉的规范就是我们通常所说的语言规范化。

（三）根据规范的现实性，语言规范可分为如下两种

1. 可能规范

指现实中不存在的符合语言发展规律，符合社会文化心理等客观条件，突破既成语言规范的言语创新行为与结果，是达成交际目的的言语的可能状态，是语言交际功能的实现形式。可能规范由于是在言语使用中自发产生的，具有现实性，是语言系统所提供的语用可能形式。这种可能形式一旦进入现实社会，就是符合语言规范要求的规范行为与结果。例如，按照语言发展规律而预测可能会出现的一些词语。

2. 既成规范

指存在于语言文字方针政策、规范标准与工具书、语法书等当中现成的某一言语社团全体成员共同约定遵守的语言规范。

(四) 根据规范的主客观特性，语言规范可分为如下两种

1. 主观评价规范

所谓主观评价规范，就是指语言学家对语言结构系统状况的描述以及对某些言语形式规范资格的评议和判断，是语言学家对规范的描写。

2. 客观规范

所谓客观规范，就是指语言系统客观存在的现实规范。主要体现为语言文字规范标准、工具书、语法书的相关规定与要求。

主观评价规范与客观规范相符合的程度是语言规范工作科学性的尺度。二者的完全符合是理想目标，难以真正达到。语言学家减少描写中的主观因素，可以使主观评价规范尽可能接近于客观规范。

四、新中国语言规范的发展

新中国成立七十年来，在语言规范方面，党和政府做了很多卓有成效的工作。学者们对此多有梳理与回顾分析。于根元(1996)[124]在《二十世纪的中国语言应用研究》一书中讲道："1955 年 10 月 25 日~30 日，中国科学院在北京召开了现代汉语规范问题学术会议。这是解放以来现代汉语规范问题研究承上启下的盛会，它在现代汉语规范问题学术讨论方面达到了前所未有的高峰，是解放至今四十六年多来(引者注：书稿撰写时间为 1995 年)现代汉语规范问题学术讨论的非常重要的里程碑。""解放以来的现代汉语规范工作，以 1955 年现代汉语规范问题学术会议召开、1966 年'文化大革命'开始、1978 年《中国语文》复刊、1986 年全国语言文字工作会议举行为标志，大致上可以分为五个阶段。第一是宣传、准备和积极学习阶段。第二是确定标准和大力推广阶段。第三是惨遭破坏和缓慢前进阶段。第四是恢复和发展阶段。第五是徘徊和思考阶段。第一个阶段的情况是这次会议的背景。"

施春宏(2005)[2-10]在于根元分类结果的基础上将现代汉语规范化工作分为两个时期几个阶段，第一个时期为 1949 年到 1985 年之间的一段时期。其中分为四个阶段，第一为宣传、准备和积极学习阶段(1949—

1954)，第二为确立标准和大力推广阶段(1955—1965)，第三为惨遭破坏和缓慢进行阶段(1966—1977)，第四为恢复和发展阶段(1978—1985)；第二时期为1986年至2004年期间的现代汉语规范化工作，其中第五为徘徊和思考阶段(1986—1994)，第六为争鸣和推进阶段(1995—2004)。

吕冀平和戴昭铭(1990)在《语文规范工作40年》一文中，将40年的语文规范工作历史划分为三个阶段：第一个阶段是“文化大革命”前轰轰烈烈的17年，第二个阶段是破坏惨重的“文化大革命”10年，第三个阶段是“文化大革命”后欣欣向荣的10年。戴昭铭(2003)[111-142]在《中国当代语文规范的理论和实践论析》中对语言规范进行了阶段的切分，结果为：20世纪50年代短暂的黄金时期(1950—1958)，20世纪50年代末到60年代初的低潮期(1959—19656)，“文化大革命”十年的空前劫难期(1967—1976)，恢复整顿时期(1977—1980)，革新发展时期(1981—)。

刘兴策(1999)在《语言规范精要》这本书“引言”的第三部分“新中国语言规范化工作的简要回顾”中指出，在社会主义新中国，语言规范化作为一种政府行为，已经有40多年了。这40多年大体上可以分为三个阶段：1949年—1965年，1966年—1976年，1977年到现在(引者注：1998年该书撰稿时)。

不忘初心，回顾历史。根据学习的收获，笔者尝试将新中国七十年语言规范化工作的历程划分为以下7个阶段。

(一) 宣传准备和积极学习阶段(1949—1955)

新中国成立初期，我国80%以上的成人是文盲，无法适应社会主义建设的根本需要。人民群众急需学习文化知识，提高思想和文化水平。由于人们的语文水平低，因此，语言使用的混乱状况较为突出。1951年6月6日《人民日报》发表社论，强调指出语言混乱现象的危害性，为了纠正这一现象，就必须“建立正确运用语言的严肃的文风”，只有学会语法、修辞和逻辑，才能使思想成为有条理和可以理解的东西。同日，《人民日报》开始连载吕叔湘、朱德熙合著的《语法修辞讲话》，为现代汉语规范问题学术研讨会的顺利召开打下了基础。

(二) 确定标准和大力推广阶段(1955—1965)

1955年10月25日—31日，现代汉语规范问题学术会议召开。此前还召开了全国文字改革会议，之后《人民日报》于10月26日发表社论《为促进文字改革，推广普通话，实现汉语规范化而努力》。“暂拟汉语教学语法系统"的公布方便了中学语法的教学，对高等院校的语法教学与研究也有一定影响。现代汉语规范问题学术会议是中国科学院哲学社会科学部在北京组织召开的第一次重要的语言规范研究学术会议。其目的是进一步明确并深入研究、广泛宣传现代汉语规范化的必要性和可能性，讨论汉语规范化的一些原则性问题，组织全国语言学界在共同进行汉语规范化工作方面进行有计划的密切的分工合作。此次会议在新中国成立之后的现代汉语规范问题研究方面发挥了重要的引领与指导作用，在中国当代语言规范与语言规划研究和语言规划历史上具有重要的意义。

（三）惨遭破坏和缓慢前进阶段（1966—1977）

"文化大革命"十年，语言规范化工作像其他各行各业一样深受影响，烟消云散，令人痛心。但是，正像于根元先生（1996，2005）在谈到推广普通话的形势时所比喻的那样：十年动乱是冬季，但是冬季里也有一些梅花，冰雪下蕴藏着生机。

（四）逐步恢复和努力发展阶段（1978—1986）

在这一阶段中，《中国语文》杂志复刊，《现代汉语词典》出版，《中学教学语法系统提要（试用）》公布，学界批判错误认识，商讨学科发展规划，语言规范化探讨的文章开始出现。《普通话异读词审音表》和《简化字总表》分别于 1985 年和 1986 年发布，中国文字改革委员会更名为国家语言文字工作委员会，全国语言文字工作会议胜利召开，揭开了语言规范化工作的新篇章。此次会议确定了新时期语言文字工作的第一项主要任务就是"做好现代汉语规范化工作，大力推广和积极普及普通话"。

（五）理论探索和深入思考阶段（1987—2000）

这个阶段，是语言规范化理论研讨成果最多最集中爆发的历史时期，对现代汉语规范化理论的研讨，不仅体现在论文、论著的发表与出版上，更体现在队伍的锻炼、人才的培养与全社会语言规范意识与语言应用规范水平的提高上。《语文建设》杂志组织了三次有关语言规范的大讨论。《语文建设》《语言文字应用》《学语文》等杂志集中发表了一系列语言规范学术论文。1997 年，全国语言文字工作会议召开，确定了跨世纪的奋斗目标。会议回顾了过去十二年的工作，总结了基本经验，深入分析了新形势下所面临的机遇与挑战，对跨世纪语言文字工作做出部署，提高了认识，统一了思想，明确了任务，振奋了精神，确定了每年九月份的第三周为

"全国推广普通话宣传周",决定开展"中国语言文字使用情况调查",决定制定《中华人民共和国语言文字法》,将语言文字工作纳入依法管理的轨道,决定加大针对中文信息处理的语言文字规范标准建设力度,建立相关协调管理机制,共同努力把语言文字工作全面推向21世纪。

(六)依法治语和科学推进阶段(2001—2012)

《中华人民共和国国家通用语言文字法》的颁布与实施,开启了国家依法治理语言文字工作的局面。《现代汉语词典》第6版出版,引发语文规范舆情事件。国务院为此责成教育部和国家语言文字工作委员会成立外语中文译写规范部际联席会议专家委员会。后调整其名称、职能与成员单位,改为外语中文译写规范和中华思想文化术语传播部际联席会议制度。

(七)理念调整和适应需求阶段(2013—2020)

新时代开始。2013年6月5日,《通用规范汉字表》的发布,从汉字规范角度确定了新的更加科学的标准。新时代如何更好地开展语言文字规范化工作,切实提高国家语言文字治理体系与治理能力的现代化,学者们在探讨,领导们在思考。2020年是一个重要的时间节点,推普脱贫攻坚和普通话基本普及的目标面临着严峻的考验。如何在新时代,在构建人类命运共同体的思路指导下,做好语言文字规范化工作,需要调整思路与理念,以适应信息化时代、大数据时代、人工智能时代的需要,这是摆在我们每一位语言文字工作者面前的一份新时代的历史性考卷。

五、语言规范观的嬗变

(一)语言规范观的定义

语言规范观,指人们对语言规范的看法、观点、态度与评价。语言规范观是与语言观密切相关的概念,是语言观在语言规范问题上的直接反映与体现,是对待语言规范工作的总的认识和对待语言规范对象,即具体语言现象的总的态度、看法与主张。对全部语言规范工作而言,语言规范观是一个至关重要的概念。语言规范观直接决定了规范工作的具体措施和规范标准的制订。因此,树立正确的语言规范观十分重要。正确的语言规范观可以引导规范跟上时代的发展,并向更高更新的层次迈进。而错误的规范观则是规范的大敌,它们不仅有可能改变规范的标准,使规范

走样，甚至还有可能为规范设置重重障碍，阻止规范措施的顺利实施。(尚春光 2006)[1]

(二) 对语言规范观的认识

郭熙(2013)[71–73] 在《中国社会语言学》第3版中讨论到语言观和语言态度问题时，归纳了人们对语言生活中出现的一些超规范现象的不同态度与看法，直接涉及语言规范观的研究与总结。他认为其中包括以下几种类型：

(1) 无所谓型：认为语言是一种交际工具，是社会约定俗成的产物，没有必要对语言进行过多的人工干预。(2) 纯洁型：以维护祖国语言文字的纯洁与健康为自己神圣职责的语言文字工作者和爱好者。(3) 调和、解释型：他们以科学的态度探讨语言规范问题，多有成果，试图对语言中长期争论不休的问题做出令人信服的解释。(4) 求异型：追求语言新奇变化的年青一代文化人。(5) 实用主义型：追求"例不十，法不立"的语言学人，试图对所谓的不规范现象给以肯定，多停留在例句的堆砌上，以例句的多寡决定规范与否、合法与否。

王建华(1956)[2] 在《21世纪语言文字应用规范论析》一书中，重点讨论了树立正确的语言文字规范观的问题，主要涉及语言文字应用规范的历史观、社会观、动态观、柔性观、层次观、适应观、互动观等一系列问题，集中反映了此期语言规范观念研究的重要成果。

于根元(1996)[209–225] 在《二十世纪的中国语言应用研究》中专门讨论了语言规范观，并提出了18种新见解：

(1) 对解放以来的现代汉语规范化工作和研究以及当前规范化的形势给予较高的评价；(2) 交际值是衡量规范的原则；(3) 规范就是服务；(4) 要为不同层次的人们服务，要为人们长期的、短期的、简单的、复杂的多种需要服务，要尽可能地为最大多数的人服务；(5) 规范需要科学研究和行政管理相结合；(6) 发现和推荐新的好的语言现象更重要；(7) 语言有大量的中介状态；(8) 区分过渡状态和语病；(9) 不同风格的语言有不同的规范要求；(10) 刚柔相济；

(11) 多角度地分析规范;(12) 色彩是个动态的系统;(13) 惯性原则;(14) 层次性;(15) 潜与显;(16) 预测观;(17) 语言传意者"功力、思维、情趣"三要素;(18) 从规范评议失误中学习。

在诸多语言规范观点之中,最主要的就是交际值是衡量规范的原则;规范就是服务。不管是语言规范的"匡谬正俗观""纯洁观",还是从俗从众,用的人多了、用得久了就认为是规范的这种"追认观",抑或是语言规范的"预测观",我们认为,"得体"应该是语言规范的最高境界。交际值、语用价值是衡量语言现象是否规范的最终与最根本的原则。

(三) 语言规范观的嬗变

在讨论新中国七十年语言规范观的嬗变时,我们需要了解一下语言规范观的来源与传统。不忘初心,方得始终。

1. 雅正观

新中国成立之前的两千多年中,中国古代语文生活在风格的"文质"、技巧的"工拙"、风格和规范的"雅俗"与"正谬"的基础上逐步形成了"雅正"的规范观。"雅"本指言语体制在总体或宏观方面合乎规范标准;"正"则是指文字的形音义方面的正确标准。以"雅正"观念为核心的中国古代语文规范理论,所追求的是一种从现实语文生活中提炼而成的理想化的语文标准,因此,在上古和中古,它基本上符合当时语文生活的需要并能担负起指导语文实践的责任。正因它在书面语体制方面的规范准则不是"随俗雅化",而是仿古的雅化,所以后来难免僵化。从规范理论研究角度而言,这一规范理论建立了一种比较符合中国语文国情而又卓有成效的语文规范化的工作模式——"匡谬正俗"。"匡谬正俗"式的语文规范化工作,主要通过两条途径进行:一是摘谬指瑕、辨俗正误式的语文评论,二是编制规范性的工具书。(戴昭铭 2003)[88] 这种传统的规范观及语言规范工作模式,容易将语言学工作者的注意力引导到言语运用的具体是非问题上面,这有点类似于教师和报刊编辑的某些作用。这种规范工作模式对新中国语言规范观以及规范工作模式的形成产生了重大的影响。

2. 纯洁观

语言规范的纯洁观,是希望语言应用绝对符合规范标准的一种理想化的目标,是一种极端的追求。在这种观点指导下,容易导致产生使语言应用及其结果纯而又纯的工作模式。建国伊始，党和政府为了迅速提高国民文化素质，于 1951 年 6 月 6 日在《人民日报》第 1 版上刊登了社论《正确地使用祖国的语言，为语言的纯洁和健康而斗争！》，首先将汉语规范化确定为国家的语文政策，作为语文教育与建设的一件大事来抓。该社论号召人们努力学习、正确使用中国的语言文字，避免因语言文字应用的混乱与不正确而给工作带来不良影响。为了帮助纠正表现比较突出的书面语应用中的各种缺点，《人民日报》同日开始连载吕叔湘、朱德熙的《语法修辞讲话》，旨在推动语言文字规范问题的科学研究，促进语言文字应用的规范化。该社论中反映出的几个问题，对语言规范工作产生了一定的不良影响。一是形成了现代汉语规范化主要是帮助同志们纠正语言文字缺点的“匡谬正俗”的片面化倾向。二是对许多语言现象判断过早过严，有一些判断失误。三是不确切地提出了“纯洁语言”的口号。因为语言是不可能绝对纯洁与完善的，现实世界上也从未出现和存在过所谓绝对纯洁和完善的语言。语言纯洁化只能作为一种语言规范化的理想追求，而现实的客观情况是世界上任何一种语言都不可能是绝对纯洁的。要想纯洁语言，首先要纯洁人，纯洁社会，因为语言是在社会中存在与发展的，是由人来使用的。语言要不断发展，要交流，要与其他语言互相接触与参考借鉴，而且语言是为所有的人、为所有的场合服务的，语言不是在真空中的，所以我们无法期待语言的绝对纯洁，只能是尽可能地追求语言的规范与健康发展。那种追求纯而又纯的语言规范模式与习惯，是脱离现实的，也是不值得提倡的。

3. 规定观

语言规范的规定观是以规定主义思想为其理论基础与指导思想的。这种观点容易导致认为某种语言规范是固定不变的，更多地突出强调了语言规范的稳定性和静态的一面，而忽视或根本就没有认识到语言规范的动态性及其动态发展的一面。与这种规范观相关联的就是在具体规范过程中会采取类似语言警察式的规范工作模式。这种模式其实也是以“匡谬正俗”的传统规范思想为根底的。在语言规范的规定观指导下的强硬的规范措施，类似于警察执法，严格以条条框框为执法依据，任何不符合条框规定的语言行为及其结果，都是应该被规范的。在曾经的社会用字管理过程中，有极个别规范者的类似语言警察式的规范行为，在社会上产生了一定的不良影响。

4. 追认观

语言规范的追认观是目前学界比较流行的一种规范观点，与此相关联的规范工作模式就是“约定俗成”和“时空观”的规范模式。所谓“约定俗成”，是指某种事物的名称和社会习惯是由广大群众通过长期实践而认定或形成的。语言规范究其实质也是一种社会习惯，它只能通过约定俗成的途径建立，而不能由语言机构或语言学家向壁虚构。所谓“时空观”的工作模式，实际上就是对追认观的一种注解，即判断一种新的语言现象是否规范，要看使用这种现象的人数的多少、时间的长短、范围的大小。一种语言现象，使用的人多了、范围广了、使用的时间长了，那么这种语言现象我们就可以认为它是规范的了。不得不说，这种规范工作模式有一定的合理性。但是，这样就比较容易导致出现“习非成是”“从俗从众”的规范行为、规范现象和规范结果。这在语言文字规范方面表现得尤为突出。在针对某些个别字词读音的处理方式上，这种规范观就占了上风，从而导致后患无穷，甚至只能一错再错地继续下去。这种规范观也容易导致语言规范者产生一种懒政、怠政的消极思维方式，不去主动作为，不去积极宣传正确的、好的、规范的语言现象与行为习惯，而只是被动地、消极地听从广大语言使用者的自由发展，听之任之。在语言规范过程中应该坚持学理、尊崇科学依据方面，态度不够积极，没有积极作为，从而导致习非成是的不良习惯无限延续下去，为规范地使用语言，促进语言的规范、健康、可持续的发展带来不利的影响。

5. 柔性观

语言规范的柔性观实际体现的是一种规范原则。这是一种比较切合实际的原则。所谓柔性规范就是承认规范问题的模糊性和不确定性，承认影响规范的是多个因素，并在此基础上建立多因素参与的规范模式，按照不同类型采取不同的方案和力度去指导现实的规范工作。这种原则既有柔性也有弹性，既便于规范也容易为人们所接受，对于开展语言规范工作颇有启发。在这种柔性规范观的指导下，就产生了与之相关联的“刚柔相济”的具体规范措施和工作模式。针对影响语言规范的不同因素，针对语言中不同层次的问题，根据客观情况和现实需要，该宽容即宽容，该严格即严格，采用不同力度、不同方法刚柔相济地加以规范，方能达到良好的交际目的。

6. 选择观

语言规范的选择观，是以对语言规范化工作性质的论证为基础的。

这种观点认为，语言规范化工作的性质就是对语言变化的评价和抉择。语言符号的任意性导致语言运用的灵活性和语言变化的多样性，某种带有偶然性的语言变化一经形成，如果正好适应了社会交际的新需要，便会不胫而走，成为人们的语言习惯。习惯就是习惯，它往往是无法说清楚道理并证明所以然的。语言规范具有可变性和描写性。凡是认为语言可以规范，且有必要进行规范的人，都不会主张放任主义和兼收并蓄。面对一种语言变化形式，不应仅因其不合原来规范便断定其为错误，而应当分析、评价和抉择，如果觉得其尚有合理性因素，基本上符合准确经济的要求，就不宜断为言语错误；如果觉得其确无合理性因素，从任何方面看都不合准确经济的要求，再断为言语错误也不迟。可见，以语言发展规律为基础，对语言的评价与抉择，是语言规范选择观的理论基础与指导思想。这种规范观和规范工作模式具有一定的合理性。

7. 服务观

坚持语言规范的服务观，实际上就是要坚持群众观点的工作模式，走群众路线，就是要将自己融入广大语言使用者之中，与他们和谐相处，而不是站在语言使用者的对立面。规范就是服务，应成为从事语言规范化工作的立足点与根本目的。语言规范化就是要体现服务于社会，服务于群众的目的。这种理念的产生，是参考吸收了“管理就是服务”的理念。实际上，这就从思想观念上彻底改变和扭转了以前那种语言警察式的规范行为与理念，改变了那种“鸡蛋里挑骨头”“带着显微镜”来到处在语言文字的应用中“找茬儿、挑刺、挑毛病”的“匡谬正俗式”的规范习惯。语言规范工作，应该服务于规范地使用语言，服务于语言生活的和谐健康发展，这就要求语言规范者要有善于发现新的、好的语言现象的眼光与能力，要积极发现、保护和推荐新的语言现象，要顺乎语言发展的自然规律，因势利导，努力做好促进工作。

8. 动态观

语言规范的动态观，其核心思想就是认为语言是发展变化的，规范的标准也应该随之而发展变化；语言的规范是发展中的规范，语言的发展是规范指导下的发展。其实，语言作为一个动态的平衡系统，不仅具有相对静止的一面，更有动态发展的一面。能否正确认识语言的动态性，决定了语言规范观的科学与否，决定了语言规范行为的结果是否符合客观现实。在语言规范动态观的指导下，人们正确地认识到语言发展演变过程中的中介状态的客观存在。这对于扭转和改变以往规范工作过程中那种非黑即白、机械教条地判断对错的方式具有重要的指导作用。

9. 预测观

语言规范预测观，是指要让语言规范理念与行为成为语言生活的积极引领者与科学预言者。预测是指预测者根据语言发展规律和社会生活的发展方向与趋势对语言文字应用将要出现的规则和成分进行预言，是提供给广大语言文字使用者的可行的、合理化的倾向性建议。正像化学领域的门捷列夫周期表一样，遵循语言发展的客观规律，语言学家们可以编写出语言预测词典，会预言可能出现的语言规范现象、行为与结果。在语言规范预测观的指导下，学者们按照潜性与显性的语言现象发展规律，由现实当中已经存在的既成规范，可以推导出在现实社会生活中不存在的，但是符合语言发展规律的未来可能出现的语言现象，从而使语言生活中有些现象从潜性变为显性，使其由隐而显，并有可能规范而成为现实社会中的客观规范。

10. 得体观

通过不断总结经验与教训，语言规范观不断嬗变、更新，与时俱进，最后形成了语言规范的得体观。这种观点以语言的交际值即语用价值为最终判断某种言语行为及其结果是否规范的根本标准。在具体的上下文中，针对不同的交际对象，一种言语行为可能是符合语音、词汇、语法规范的，但是如果没有根据当时的情境与交际对象的具体情况，而只是遵循符合语音、词汇、语法规范的原则，则很有可能会导致某一交际过程的失败。所以，言语行为及其结果不仅要规范，更要讲究得体。得体应该是规范的最高境界。而判断一种言语行为及其结果是否得体的依据就是看该行为及其结果的交际值、语用价值的大小。交际值越高，交际效果就越好。所以，在当今进行语言规范化的过程中，必须坚持语言规范的得体观，只有这样，才能更好地完成语言规范化的工作任务，促进语言和谐、健康、可持续地发展。

六、语言规范观的思考

通过对我国语言规范观嬗变过程的梳理与回顾，我们对语言规范观有如下几点思考：

（一）匡谬正俗，纠偏正误

这是我国最传统、最基本的规范理念，是最主要的规范举措、最常见的规范行为。但是，新时代的语言规范者必须要有清醒的认识，即当今的语言规范者不是要时时处处充当“语言警察”，而是要以发现、保护、介绍和推荐新的语言现象为己任，同时纠正语言差错为正确，这是必需的。

（二）培养意识，提升能力

培养全民语言文字规范意识，提升语言文字使用者的语言文字规范能力与水平是当务之急。在如今的信息化时代，书报刊文稿及影视字幕中差错数见，为了避免出现“无错不成书报刊”的极端现象，使每一位语言文字使用者自身拥有较强的语言规范意识，并具有较高的规范使用语言文字的水平和能力，这应该成为规范化工作的主攻方向。

（三）评价选择，择善而从

独具慧眼可揪错，发现好的更重要。如何评判语言现象的优劣与规范与否，需要具备专业的知识基础，这样才能不放过任何一个语言文字差错，但是更需要有发现好的新的语言现象的眼光。这些都要以科学研究的理论知识为基础。

（四）积极引导，规划在前

可能规范、语言预测观、适度超前观等告诉人们，要想规划在前，需要依据的是科学的语言与语言规范的发展规律。只有规范行为尊重语言发展规律，才能积极地引导语言的规范工作。

（五）加强研究，科学规范

进一步加强语言文字规范化理论研究，用研究成果引导语言文字生活实践，科学地进行语言文字规范化工作。

1. 不宜过多从俗从众，以免助长习非成是，而应该坚持正确意见，多做正面宣传，让广大语言文字使用者知道什么是正确的，并择善而从之，从而减少“秀才识字读半边，读来读去成规范”的荒谬现象的持续出现。

2. 规范标准的研制要严谨，规范标准要科学，要经得起考验，要增强规范标准的权威性。权威部门颁布的语言文字规范标准中明确被认为有问题的部分，应当及时予以纠正，以使之能够与时俱进，适应时代、社会与语言文字事业未来发展的基本需求。

3. 规范标准的研制要有立足当下、立足中国，面向世界、面向未来的高度与境界，要有一定的预见性。不人为地制造新的矛盾，不来回翻车和烙饼。要有大华语的理念,要从世界来看中国,要从构建人类命运共同体的视角与高度来进行规范标准的研制。

4. 规范标准研制出来要加大宣传力度,利用一切可能的手段与途径,到尽可能多的场合广而告之。不要让规范标准研究出来即束之高阁,项目结项即大功告成了。只有正确的大行其道,习非成是的现象才会逐步减少。

5. 到底是规范语言本体,还是规范言语行为。实际上语言规范工作既包括对语言本体的规范,也包括对言语行为的规范。更重要的应该是依据对语言本体规范的结果来规范言语行为,即规范语用。规范的是言语交际行为,从行为角度来区别规范,这样才能使规范方面的一些不太好理解的问题迎刃而解。

参考文献

1. 巴姆博斯(Bangbose). 论语言规范. //戴昭铭编. 规范语言学探索(增补本). 上海:上海三联书店,2003.
2. 陈章太,戴昭铭,佟乐泉,等编.《世纪之交的中国应用语言学研究》,北京:华语教学出版社,1999.
3. 戴昭铭. 汉语研究的新思维. 哈尔滨:黑龙江人民出版社,2000.
4. 戴昭铭. 规范语言学探索(增补本). 上海:上海三联书店,2003:50-64.
5. 戴昭铭. 现代汉语规范化答问. 北京:北京大学出版社,2012.
6. 龚千炎,周洪波,郭龙生. 发展链:语言规范的本质——兼谈汉语规范化工作. 语文建设,1991(5):2-6;又语言文字应用研究所编. 语言文字应用研究论文集Ⅰ. 北京:语文出版社,1995:149-153.
7. 龚千炎,周洪波,郭龙生. 语言规范:自发与自觉,主观与客观的辩证统一——兼答戴昭铭先生. 语文建设,1993(7):8、10-12.
8. 郭熙. 中国社会语言学(第3版). 杭州:浙江大学出版社,2013.
9. 李熙宗,霍四通. 语体和语言规范化. //陈章太,戴昭铭,佟乐泉,等编. 世纪之交的中国应用语言学研究. 北京:华语教学出版社,1999:265-274.
10. 李行健主编. 现代汉语规范词典(第3版). 北京:外语教学与研究出版社,北京:语文出版社,2014.
11. 刘兴策. 语言规范精要. 武汉:华中师范大学出版社,1999:7-12.
12. 吕冀平,戴昭铭. 语文规范工作40年. 语文建设,1990(4):18-26.
13. 吕冀平主编. 当前我国语言文字的规范化问题. 上海:上海教育出版社,2000.

14. 罗常培,吕叔湘. 现代汉语规范问题. //现代汉语规范问题学术会议秘书处编. 现代汉语规范问题学术会议文件汇编. 北京：科学出版社,1956：2.
15. 毛泽东. 毛泽东选集(第三卷). 北京：人民出版社,1991.
16. 戚雨村,董达武,许以理,等. 语言学百科词典. 上海：上海辞书出版社,1993.
17. 尚春光. 新时期语言规范观念的讨论与研究. 中国传媒大学博士学位论文,2006.
18. 施春宏. 使用规范汉字和规范使用汉字. 语文建设,2000(7)：18.
19. 施春宏. 语言在交际中规范. 北京：中国经济出版社,2005.
20. 孙也平,徐秀芝. 有益的探索,建设性的成就——读戴昭铭先生《规范语言学探索》. 齐齐哈尔大学学报,2000(5)：112－113.
21. 王建华. 21 世纪语言文字应用规范论析. 杭州：浙江教育出版社,2000.
22. 王建华主编. 21 世纪语言文字应用规范论析. 杭州：浙江教育出版社,2000.
23. 王培光. 语感与语言规范. //陈章太,戴昭铭,佟乐泉,等编. 世纪之交的中国应用语言学研究. 北京：华语教学出版社,1999：275－283.
24. 王希杰. 汉语的规范化问题和语言的自我调节功能. 语言文字应用,1995(3)：9－15.
25. 于根元. 二十世纪的中国语言应用研究. 太原：书海出版社,1996：123.
26. 于根元主编. 中国现代应用语言学史纲. 北京：中国经济出版社,2005：133.
27. 于根元等. 语言哲学对话. 北京：语文出版社,1999.
28. 中国社会科学院语言研究所词典编辑室编. 现代汉语词典(第 7 版). 北京：商务印书馆,2016.

语言变异的处理原则

黄安靖

《咬文嚼字》主编、编审

摘　要　语言处于不断变化之中,“变异”是语言的固有规律。语文规范活动,对正处于变异中的语言现象,不能做简单化、机械化处理,不能以“规范”的名义轻易说“不”。坚持“通用性”“逻辑性”与“系统性”,是处理语言变异的原则。

关键词　语言变异　语文规范　通用性　逻辑性　系统性

前不久,笔者看到一篇文章谈到语言的变异问题。文中说:过去一直认为对的现在不对了,而过去一直认为不对的现在又对了。语言的演变实在是太快,让人跟不上节奏!

这种说法虽稍显夸张,但也不是毫无道理可言。《现代汉语词典》等权威工具书的不同版本,在一些条目处理上的前后不一致甚至矛盾,也在一定程度上说明了这个问题。如何看待语言的变异呢?下面谈的是一些浅知拙见,如有不当,敬请专家批评指正。

一、“变异”是语言的固有规律

语言处于不断变化之中,这是一条不可颠破的铁律。

社会生活是语言的内核,语言是社会生活的符号。社会的发展和人类物质文化生活的变化,必然会推动语言的演变。近几十年来,我国国民经济快速增长,现在中国已经成为世界第二大经济体,社会生活发生了天翻地覆的变化。语言随之出现变异,是符合规律的。

语言本身的因素,也会对语言的变异产生影响。比较起来,汉语的演变似乎要比英语快很多、剧烈很多。原因可能和中英两种语言的结构特点有关。比如:英语有丰富的词形变化。名词常带有名词词尾,reality(现实)中的 ity,就是名词的标记。ly 常作为副词词尾,许多形容词加 ly 就成了副词,如 careful(小心的)是形容词,加 ly 后的 carefully(小心地)是副词,等等。而汉语没有词形变化,是名词还是动词,是形容词还是副词,在形式上没有标记。比如"调查"既是名词也是动词,但词形是一模一样的。在组词成句上英语也有许多限制,如主语与谓语、动词与宾语之间往往有"一致性"要求,人称代词在动词前用主格形式,在动词后用宾格形式,等等。而汉语则缺乏这些手段,主要用语序来表现相应的语法关系。词形标记、"一致性"要求,既是语法的表现手段,也是语法的制约因素。英语语法形式化手段多,语法制约因素相对也多,语法结构比较稳定,演变起来相对缓慢一些。汉语语法形式化手段少,制约因素也相对少,语法结构比较灵活,演变相对快一些。

近几十年来,汉语的演变确实非常快。当年老一辈语言学家认可的语法规则,其中的一部分现在要做新的认定。比如,当年有权威专家认为"全国人民代表大会"简称为"人大"不合适,现在就没有人坚持这种意见了。再如"很青春""很中国"等,在过去会判错(副词不能修饰名词),而现在大都认为是正常的搭配。

二、不要以"规范"的名义轻易说"不"

语言处于不断地发展变化之中,是一个动态的演进系统。语文规范活动,对正处于变异中的语言现象,一定要持谨慎态度,不能做简单化、机械化处理,不要以"规范"的名义轻易说"不"!

"七月流火"就是一例。"七月流火"出自《诗经·豳风·七月》。火,星座名,大火星,即心宿,夏历每年六月在正南方天空出现,位置最高,七月后逐渐偏西下沉。"流火"指大火星向西向下移动。古代用"七月流火"指夏历七月暑热逐渐消退,秋凉将至。2005 年 7 月 12 日,台湾地区新党主席郁慕明在中国人民大学发表演讲,时任校长纪宝成在致欢迎辞时说:"七月流火,但充满热情的岂止是天气,今天我们中国人民大学的师生以火一般的热情在这里欢迎郁慕明先生一行……"纪校长显然是用"七月流火"形容公历七月天气炎热似火。许多人对纪校长的用法表示质疑,纷纷指责堂堂人大校长居然用错成语。有一次全国出版系统编校质量大赛,其中有一道"纠错"题,也把"七月流火"的这种用法当成差错纠。

有人检索了北京大学 CCL 现代汉语语料库,凡是出现“七月流火”的语例,绝大部分都是用来形容公历七月天气火热,几乎没有用来形容夏历七月天气转凉的。道理其实很简单,社会生活变了,语词含义必然发生变化。上古时代人人是“天文学家”,人人能观测星相,大家见到夏历七月大火星西沉,就知道天气转凉。而现在,普通民众几乎没人知道哪个星星是大火星,更不知道它的运行与天气有何关系。加上现在通用公历,说到七月,除了部分农村地区,大都想到的是公历七月。公历七月小暑、大暑接踵而至,正是一年中最炎热的时候。现在的人们,只会有公历“七月”热的感觉,而不会有夏历“七月”凉的感受。“流火”可以理解成“火苗或火花、火星都流出来了”,用“七月流火”形容公历七月酷热的天气,准确且形象生动。

现在已经有权威工具书承认了“七月流火”这个新用法。如《现代汉语规范词典》第三版:“现也形容公历七月天气炎热似火。”《现代汉语词典》第 7 版:“现也用来形容天气炎热。”

在现代汉语词汇库中,似“七月流火”的语词还有很多,如大家比较熟悉的“空穴来风”“万人空巷”“美轮美奂”等,都出现了变异,产生了不同于传统的新含义或新用法,现在都不能轻易对它们说“不”。

吕叔湘先生(1979)曾说:“许多语法现象就是渐变而不是顿变,在语法分析上就容易遇到‘中间状态’。词和非词(比词小的,比词大的)的界限,词类的界限,各种句子成分的界限,划分起来都难于处处‘一刀切’。这是客观事实,无法排除,也不必掩盖。”吕先生的意思是,许多语法现象处于渐变状态,给语言单位的切分带来了困难。语言的“渐变”状态,表现在语法的方方面面,在处理相关问题时,都不能“一刀切”,都不能做简单化、机械化处理处理。

按传统语法,一般只有形容词带双音节后加成分,如黑乎乎、臭烘烘、甜丝丝、光溜溜、香喷喷、红彤彤、绿油油、黑魆魆、干巴巴、硬邦邦、慢腾腾等。这一限制现在似乎已经解除,名词也可带双音节后加成分,如楼渣渣、路塌塌、桥糊糊等。甚至动词也可带双音节后加成分,如洗澡澡、做梦梦、睡觉觉等。按传统语法,不及物动词一般不带宾语,现在同样有突破趋势,如挑战(主持人)、缺席(宇航大会)、亮相(国际电影节)、进军(芯片市场)、投资(娱乐产业)等,都直接跟了宾语。在一次编校质量检查中,曾有人欲将此类现象当差错处理,这显然是有违语言发展规律的。

三、坚持"通用性""逻辑性"与"系统性"原则

语言变异,其实有两种:一种是积极的,一种是消极的。既符合汉语结构、运用规律,也符合社会文明规范的变异,即积极的变异。反之,则是消极的变异。积极的变异,我们要承认、接受,把它们吸收进汉语库中来,让它们成为汉语中的新成员。消极的变异,我们要抵制、纠正,把它们排除在汉语库之外,不让它们入侵汉语的肌体。问题是,哪些变异是积极的,哪些变异是消极的,有时很难做出判断,不易得出一致的结论。我们认为,处理这类问题,必须坚持以下三个原则。

第一,通用性原则。约定俗成称是语言的本质特征,只有大众认可、在社会广泛流行的变异,才能视为积极的变异。反之,则是消极的。余秋雨(2002)《十万进士》中说:"大量中国古代知识分子一生最重要的现实遭遇和实践行为便是争取科举致仕……"体会句意,余先生是把"致仕"一词理解成"获得官位"的意思了。著名学者、《咬文嚼字》前编委金文明指出:"致"当"归还"讲,"仕"当"禄位"讲,"致仕"的意思是"把禄位归还给国君",即"辞去官职"。(剑啸 1994)[11] 余先生不同意金先生的批评,辩解说:"致"有"获得"的意思,"致仕"可以理解成"获得官位"。(刘洪清 2015)[59] 我们也不同意余先生的意见,原因是这种用法有违通用性原则。传统经典文献中都把"致仕"用作"辞官","获得官位"的用法没有得到社会的普遍认可。

第二,逻辑性原则。语言是按自身的内在逻辑发展演变的,符合逻辑的变异,才能视为积极的变异。不合逻辑,则是消极的变异。有一些人把"鸡㙡菌"的"㙡"写成"枞",稍做分析不难发现,这个写法不符合汉字的造字逻辑。鸡㙡菌,食用菌的一种,味美如鸡,所以俗名称"鸡",由于生长在土中,所以"㙡"字从"土"。汉字中凡是以"木"为义符的字,字义都与"木"有关,"鸡㙡菌"不是在木头或树木上长出的,与"木"毫无关系。如果承认"鸡㙡菌"的"㙡"也可以写作"枞",就有违汉字的造字逻辑。历来的权威工具书及经典文献,收的或用的也都是"鸡㙡菌"而非"鸡枞菌"。遗憾的是,《现代汉语词典》第7版一改其以前所有版本的做法,认定了"鸡枞菌"的写法,把它当成"鸡㙡菌"的或体。一些人把"枞"用作"㙡",主要是因为在目前的汉字输入法中"㙡"字很难打出。汉字输入是个纯技

术问题，很容易解决，因很容易解决的技术原因而不顾汉字的造字逻辑去修改用字规范，无疑不可取。

第三，系统性原则。语言是一个精密的系统，任何变异都要放进语言系统中去做整体考虑。只有与语言系统完美融合、与系统中其他成员"和谐相处"的变异，才能视为积极的变异。反之，则是消极的变异。"反戈一击"本指掉转枪口向己方阵营发起攻击，现在有人把它当"反击"用，即回击对方阵营也说"反戈一击"。这种用法违背了系统性原则。"反戈一击"与"反击"的运用本来呈"对称性"分布，"反击"针对对方阵营，"反戈一击"针对己方阵营。如果让"反戈一击"也表示"反击"的意思，"一对一"的平衡对应关系就会遭到破坏。而且语言讲究"经济性"，完全相同的意思也没有必要用两个词形来对应。

最后要强调的是，只有以上三个原则都得到了满足，才能视为积极的变异。否则，只能看成消极的变异，应予以纠正。

参考文献

1. 剑啸．"致仕"不是获得官职．咬文嚼字，1999(4).
2. 李行健主编．现代汉语规范词典(第三版)．北京：外语教学与研究出版社；北京：语文出版社，2014.
3. 刘洪清．"致仕"引发的"战争"．中国社会保障，2015(7).
4. 吕叔湘．汉语语法分析问题．北京：商务印书馆，1979.
5. 余秋雨．十万进士．//余秋雨．山居笔记．上海：文汇出版社，2002.
6. 中国社会科学院语言研究所词典编辑室编．现代汉语词典(第7版)．北京：商务印书馆，2016.

再谈现代汉语异形词的整理和规范研究*

李志江

中国社会科学院语言研究所

摘　要　《第一批异形词整理表》发布至今已有20年了，继续开展异形词的整理和规范研究十分必要。建议把异形词规范执行中的强制性原则调整为引导性原则，进一步明确异形词的定义和规范对象，并对普通话书面语中1 000多组异形词逐一提出推荐使用的意见。建议国家语言文字工作委员会再次成立由各方人员组成的异形词研究课题组，对异形词的规范处理进行协调统一，并首先在语文辞书中推行使用。

关键词　异形词　《第一批异形词整理表》　《现代汉语词典》

现代汉语的异形词规范是语言文字规范的一个重要方面。从异形词概念的提出，到异形词规范原则和方法的确定，再到将1 000多组异形词具体落实到现代汉语辞书中去，最后由国家语言文字工作委员会（以下简称"国家语委"）成立课题组来系统地整理并规范异形词，直至正式推出《第一批异形词整理表》，前后经历了几十年的时间。

一、异形词整理和规范研究的历程

1962年，殷焕先先生（1962）谈及"形异而音同"的词语书面形式，并提出了规范词语书写形式的原则。后来陆续有学者写出文章，分别就异形词的名称、规范对象、规范原则以及操作方法等进行研讨。（傅永和 1985；刘永耕　1989；侯敏　1992；周荐　1993；高更生　1996；长召其，张志毅 1998；苏宝荣　2002；苏新春　2002；余志鸿　2004）随着研讨的不断深入，学

*　本文原载《鲁东大学学报》2021年第6期。

界的意见渐趋一致,这就为异形词的规范提供了理论基础。

在名称上,曾有"异体词""异形词""异写词""多形词"等不同说法,最后"异形词"为学界普遍接受。

至于规范对象,仅限于现代汉语层面。因为古代汉语、近代汉语中没有异形词的概念,不能用今天的标准去规范古人。在现代汉语层面内,也只有同音同义、并存并用而写法不同的词语才属于异形词。例如"直截(jié)了当"和"直接(jiē)了当"的意义相同而读音不同,不是一组异形词;"一般"和"一斑"的读音相同而意义不同,也不是一组异形词。

1999年,异形词整理规范课题在国家语委正式立项。课题组在"积极稳妥,循序渐进,区别对待,分批整理"方针的指导下,经过两年多的努力,对较常使用的338组异形词提出了规范意见。2001年12月19日,教育部、国家语委发布了《第一批异形词整理表》(GF 1001—2001),规定从2002年3月31日起试行。

《第一批异形词整理表》(以下简称《整理表》)的研制遵循了三个原则,即通用性原则、理据性原则和系统性原则。(李行健 2002)通用性原则指一组异形词中,首先要依据其在语言生活中的通行度。遵从社会使用的一般习惯,将通行度高的一个确定为推荐词形,其他的为非推荐词形。衡量通行度的高低,以基于大量语料的词频统计为准。理据性原则指一组异形词中,如果彼此的通行度差别不大,就要考虑词语产生发展的理据因素,将理据性强的一个确定为推荐词形,其他的为非推荐词形。系统性原则指一组异形词中,如果其通行度、理据性均差别不大,就要考虑词语规范的系统性(同一语素,在不同词语中应采取同一种写法),将系统性强的一个确定为推荐词形,其他的为非推荐词形。

《整理表》是新中国成立以来制定的第一个现代汉语词汇规范,它广泛收集资料,通过计算机系统进行数据分析,明确了异形词的定义、范围,确立了规范的三个原则,吸收了前人的研究成果,方法上有所创新,是词汇学理论和实践相结合的产物。这是应该给予充分肯定的。

《整理表》的发布在学界和社会上引起了轰动。在以后的一两年时间里,学界关于异形词的讨论出现了一个高潮,不同的观点相互碰撞,异形词的规范问题成为汉语词汇研究的热点。归纳起来,讨论的焦点问题有以下几方面。

第一,对《整理表》研制的通用性、理据性、系统性原则普遍赞同,但对三个原则的优先顺序见解不一。

课题组和一部分学者认为通用性优先,应以词频高的为推荐词形;另一部分学者认为理据性优先,应以理据性强的为推荐词形,如果理据性不相上下,再看词频高低。例如“毕恭毕敬—必恭必敬”,根据课题组提供的数据,“毕恭毕敬”的词频为24,“必恭必敬”的词频为0。课题组认为,“从源头来看,‘必恭必敬’出现较早,但此成语在流传过程中意义发生了变化,由‘必定恭敬’演变为‘十分恭敬’,理据也有了不同。从目前的使用频率看,‘毕恭毕敬’通用性强,故以‘毕恭毕敬’为推荐词形”。另一部分学者认为,“必恭必敬”源于《诗经·小雅·小弁》:“维桑与梓,必恭敬止。靡瞻匪父,靡依匪母。”“必”是“一定”的意思,最早的用例不晚于唐代。(李白《赵公西候新亭颂》:“赵公之宇,千载有睹,必恭必敬,爰游爰处。”)“毕恭毕敬”的“毕”是“竭尽;完全”的意思,在古籍中鲜有用例。虽然“毕”的语义与整个成语的语义取得一致,构成了新的理据,但两相比较,恐怕还是尊重源头为好。轻易地放弃一个有出典,已经使用了1300多年的写法,岂不可惜。更何况要给“毕恭毕敬”作注,一定绕不开“必恭必敬”,仍然要回到《诗经·小雅·小弁》上去,不如以“必恭必敬”为推荐词形。

第二,认为《整理表》在执行中发生了偏差,即把推荐性意见当作刚性要求,规定教育、出版、影视等领域必须使用推荐词形,非推荐词形则不能使用,这就过于机械甚至严苛了。

例如“宏愿—弘愿”,只能写作“宏愿”而不能写作“弘愿”,如果出版物中出现“弘愿”字样,就认定为差错。这种做法,可以形象地称为“留一个,舍一个”。一些学者对此持保留意见,认为这样处理固然有促进社会用词一致的一面,却不可避免地给汉语词汇的丰富性、多样性带来负面影响。像“勾连—勾联、愤愤—忿忿、那么—那末、毋庸—无庸、押韵—压韵、月食—月蚀”等等,前后的两种写法都有理据,也都常见,选取哪一种写法也许有个人习惯的因素,硬性规定其中的一种或两种不能继续使用是不妥的。因为它在一定程度上割裂了词汇发展的历史,限制了个人选用异形词的自主权,客观上增加了记忆负担,而且也与大陆以外华语社区的异形词写法拉开了距离。

第三,《整理表》的附录列出了44组含有非规范字的异形词,例如“胡同—衚衕”“憔悴—顦顇”。有些学者认为没有必要,因为非规范字即不允许使用的异体字或已经简化的繁体字,含有非规范字的异形词自然就在淘汰之列,不言自明。

第四,2003 年 8 月,《264 组异形词整理表(草案)》由中国出版协会校对研究委员会、中国语文报刊协会、国家语委异形词研究课题组、《咬文嚼字》编委会联合发表。这个草案据说就是原来准备推出的《第二批异形词整理表》,其中存在着几个问题。

1. 有的不是异形词而被误认为是异形词。例如:

(1) 混沌—浑沌

“混沌”一词读作 hùndùn,指传说中宇宙形成以前模糊一团的景象,也用来形容糊里糊涂、无知无识的样子。这个词义还有写作“浑沌”的,但“浑沌”读作 húntún(见《汉语大词典》第 5 卷 1520 页),所以,“混沌—浑沌”二者并不构成异形词。

(2) 模棱两可—摸棱两可

“模棱两可”的意思是“态度、意见等含含糊糊,这么做、那么做都行”。“模棱”在古代也有写作“摸棱”(mó léng)的,在现代汉语中罕见,而且普通话“模、摸”读音不同,所以没有必要把“摸棱两可”列为“模棱两可”的异形词。

(3) 霎时—刹时

“霎时”读作 shàshí,意思是“极短的时间”。“刹时”的意思与“刹那”相同,也是“极短的时间”,但是读作 chàshí(见《汉语大词典》第 2 卷 672 页)。二者读音不同,“霎时—刹时”也不是一组异形词。

2. 有的异形词还是应该强调理据性优先。例如:

在“暗渡陈仓—暗度陈仓”这组异形词中,《264 组异形词整理表(草案)》依据通用性优先的原则,推荐使用“暗渡陈仓”。其中用“渡”而不用“度”,与出典不合。“度”的意思是“度过”,既可度过时间(如“欢度春节”),又可度过空间(如“关山度若飞”);“渡”是“度”的后起字,意思专指“从水面上过去”(如“渡河、渡轮”)。陈仓是地名,是一条古道,公元前 206 年,刘邦攻下咸阳,被项羽封为汉王,带着人马到南郑去,途中烧毁了栈道。不久绕道北上,在陈仓(今陕西宝鸡东)打败秦将章邯的军队,回到咸阳(见于《史记 · 高祖本纪》)。由此可见,把“暗度陈仓”定为推荐词形才更合理。

当年参与异形词规范讨论的既有专家学者,也有教师、编辑,还有普通群众,大家畅所欲言,但是没有什么具体结果。值得肯定的是,虽然认识上的分歧依然存在,但各方均有一点共识,那就是:《整理表》是国家规范,尽管存在着个别不足之处,但仍要认真执行。

二、《现代汉语词典》收录的异形词和执行《整理表》的变通处理

《现代汉语词典》(以下简称《现汉》)是一部以推广普通话、促进汉语规范化为宗旨的中型语文词典,它从1956年开编起始就重视异形词(没有使用专门术语,只是称为"不同写法的多字条目")的规范问题,在体例上也分层次做出不同的处理。(张万起 1998;李志江 2002)1978年正式出版以后,在历次修订中不断整理、研究,并根据语言使用的实际情况有所补充和调整,因此对读者学习、掌握和使用异形词起到了很好的引导作用。

据初步统计,目前,《现汉》第7版共收录异形词1 020组左右。其中《整理表》中的338组,除了个别有所调整之外,都按照要求执行,非推荐词形(理解为不允许使用词形)置于推荐词形后面的圆括弧内。非推荐词形中,首字相同的不再出条,首字不同的出条,体例上采用"见××页〖○○〗"的形式。例如:

> **按语**(案语)ànyǔ 名作者、编者对有关文章、词句所做的说明、提示或考证。
>
> **案语** ànyǔ 见10页〖按语〗。

从第6版开始,《现汉》对《整理表》中的个别异形词做了变通处理。例如:

(1) 红彤彤—红通通

《整理表》中有"红彤彤—红通通"一组,"红彤彤"为推荐词形,"红通通"为非推荐词形。"彤"读tóng,"通"读tōng,"红彤彤"在口语中也读hóngtōngtōng,这才与"红通通"读音相同。二者都是"形容很红",但适用场合不完全一致,"红通通"在有的场合还强调"红得通透"。它们在语音、语义上相似度很高,却不是严格意义上的异形词,所以《现汉》把它们改为近义词处理。

红彤彤 hóngtóngtóng (口语中也读 hóngtōngtōng)(～的)形状态词。形容很红:～的晚霞|～的朱漆大门。

红通通 hóngtōngtōng (～的)形状态词。形容很红,红得通透:炉箅子被炭火烧得～的|小脸儿冻得～的。

(2) 标志—标识

《整理表》中有"标志—标识"一组,"标志"为推荐词形,"标识"为非推荐词形。可是《整理表》发布以后,"标识"的写法依然热度不减,人们似乎乐于接受它,甚至不读 biāozhì 而改读 biāoshí 了,成为一个新词。鉴于这种情况,《现汉》将"标志"和"标识"做了分化处理:当读作 biāozhì 时,要写作"标志",不能写作"标识";当写作"标识"时,要读作 biāoshí,不能读作 biāozhì。

标志(标识)biāozhì ①名表明特征的记号或事物:地图上有各种形式的～|这篇作品是作者在创作上日趋成熟的～。②动表明某种特征:这条生产线的建成投产,～着工厂的生产能力提高到了一个新的水平。

"标识"另见 84 页 biāoshí。

标识 biāoshí ①动标示识别:秘密等级是～公文保密程度的标志。②名用来识别的记号:商标～|发文机关～。

另见 85 页 biāozhì〖标志〗。

从第 6 版开始,《现汉》还对《整理表》之外的异形词做了一些调整。例如:

(1) 榴梿—榴莲

"榴梿"是著名的热带水果之一,原产马来西亚、菲律宾一带。过去国内一直写作"榴莲"。

马来西亚、新加坡的朋友告诉我们,这种植物和水果,当地是写作"榴梿"的,它是木本植物,所以"梿"与"榴"的偏旁均为木字旁,将"梿"写成莲花的"莲",理据不充分。《现汉》将"榴梿—榴莲"这组异形词的主副条做了调整,以"榴梿"为推荐词形。

榴梿 liúlián 名① 常绿乔木，叶子长椭圆形。果实球形，表面有很多硬刺，果肉白色，可以吃。原产马来群岛。② 这种植物的果实。‖也作榴莲。

榴莲 liúlián 同"榴梿"。

需要指出的是，《现汉》与《整理表》对异形词的处理方法不同。《整理表》在执行上要求使用推荐词形，不许使用非推荐词形，规范带有强制性；《现汉》以主副条的形式倡导使用推荐词形，但也不反对使用非推荐词形，规范是引导性的。写作"榴梿"是"名从主人"，但"莲"字比"梿"字常见，写作"榴莲"亦无不可。

(2) 执着—执著

"执著"的"著"，过去有 zhù、zhuó、zhāo、zháo、zhe 五个读音，其中后四个读音都有一个对应的俗字"着"。后来这些读音的用字发生了分化，只有 zhù 还写作"著"（如"编著、著作"），另外四个音都写作"着"（如"着陆、高着儿、着火、走着"）。只有最早见于南朝齐《百喻经》的"执著"一词例外，读为 zhízhuó，其写法不变。《现汉》将"执著—执着"作为一组异形词处理，过去曾以"执著"为推荐词形。近几十年来，"执着"的写法逐渐占了上风，于是把二者的推荐顺序做了调整。（晁继周 2013）

执着 zhízhuó 形 原为佛教用语，指对某一事物坚持不放，不能超脱。后来指固执或拘泥，也指坚持不懈：性情古板～|不要～于生活琐事|～地献身于祖国的教育事业。也作执著。

执著 zhízhuó 同"执着"。

也是从第 6 版开始，《现汉》对原来处理为异形词而现在语义或用法有了新变化的，根据不同情况做了分化处理或做出说明。例如：

(1) 漂浮—飘浮

第 5 版：

漂浮 piāofú ① 动 漂①：水上～着几只小船◇离开了幼儿园，孩子们的笑容总是～在我的脑海里。② 形 比喻工作、学习等不踏实，不深入：作风～。‖也作飘浮。

飘浮 piāofú ① 动飘①。② 同"漂浮"。

第6版：

漂浮 piāofú ① 动漂①：水上～着几只小船◇离开了幼儿园，孩子们的笑容总是～在我的脑海里。② 形形容工作、学习等不踏实，不深入：作风～。也作飘浮。

飘浮 piāofú ① 动飘①：天上～着朵朵白云。② 同"漂浮"②。

"漂浮"和"飘浮"的义项①有着较明确的分工。只有在义项②上，二者才构成异形关系。

(2) 篷车—棚车

第5版：

篷车 péngchē 名① 有顶的货车。② 旧时带篷的马车。‖也作棚车。

棚车 péngchē 同"篷车"。

第6版：

篷车 péngchē 名带篷的马车或汽车。

棚车 péngchē 名有顶的铁路货车。

"篷车"和"棚车"的意义有了较明确的分工。二者不再是异形词，而成为同音词。

(3) 旋涡—漩涡

第5版：

旋涡 xuánwō 名①（～儿）流体旋转时形成的螺旋形。② 比喻牵累人的事情：陷入爱情的～。‖也作漩涡。

漩涡 xuánwō　同“旋涡”。

第6版：

旋涡 xuánwō 名①（～儿）气体、液体旋转时形成的螺旋形。注意用于液体时一般作“漩涡”。②比喻牵累人的事情：陷入爱情的～。‖也作漩涡。

漩涡 xuánwō　同“旋涡”。

“旋涡”和“漩涡”在义项①的用法上有了较明确的分工。

另外，第6版修订时，《现汉》对原来未当成异形词而应做异形词处理的，以及新出现的异形词做了增补。例如：

（1）汽缸—气缸

汽缸 qìgāng　名内燃机或蒸汽机中装有活塞的部分，呈圆筒形。用于内燃机的，现多写作气缸。

气缸 qìgāng　名见1028页〖汽缸〗。

（2）闺密—闺蜜

闺密 guīmì　名闺中密友，是女性对亲密女友的称呼。现多作闺蜜。

闺蜜 guīmì　同“闺密”。

三、关于继续开展异形词的整理和规范研究的建议

最近十几年，学界关于异形词的讨论比较少见，理论研究似乎处于相对停顿的状态。

2015年7月，原异形词研究课题组编辑的《异形词规范讨论集》在华

语教学出版社出版。编辑这本论文集的目的,在于将整理、规范异形词的一些经验和成果汇集起来,以供进一步整理、规范异形词时借鉴参考。研究课题组负责人李行健先生(2015)在"前言"中呼吁"异形词整理应该继续",我们是非常赞成的。

《整理表》发布至今已有 20 年,目前仍处于试行阶段。已经规范的 338 组异形词,数量约占全部异形词的三分之一或者四分之一,之后没有再发布第二批、第三批等。尽管课题组已经进行了大量的整理和研究工作,尽管《整理表》已经在语言文字规范中发挥了重要的作用,但是异形词的整理工作至今尚未结束,还有一些问题没有解决,将规范研究继续下去是非常必要的。

不仅是早已存在的异形词需要规范,新近出现的异形词也需密切关注。

例如"本帮菜—本邦菜"是不是一组异形词?烹饪业习惯于写"本帮菜",因为这里的"帮"指"帮口;帮派;行帮","本邦菜"也许是根据"本帮菜"的"本地菜系"义而望文生义产生的误写,二者不宜认定为异形关系。再如"干吗—干嘛"(干什么),从社会认知和使用的角度,它们的意思一样,应该是一组异形词;但如果是,那么二者的语音就应该完全一致,也就是说,有的现代汉语辞书中,"嘛"的读音不仅要有 ma(轻声),还要增加 má(二声)。又如"下画线—下划线"是词频很高的一组异形词,虽然"下划线"的写法出现得早,但仍然应该依照语义的系统性,以"下画线"为推荐词形。新生的异形词如果不及时规范,一旦使用时出现偏差,纠正起来就困难了。

2013 年 6 月发布的《通用规范汉字表》对一些异体字做了调整,有的调整涉及异形词的规范。例如《整理表》规定"趟地、趟浑水、趟水、撅嘴"为推荐词形,"蹚地、蹚浑水、蹚水、噘嘴"为非推荐词形,而《通用规范汉字表》规定"蹚地、蹚浑水、蹚水、噘嘴"才是规范的写法。那么《整理表》就需要适时跟进,否则可能会给社会使用造成混乱。

我们认为,如果继续研究异形词问题,进而对现有的异形词规范进行修订、完善,应该从以下几方面着手。

第一,应该把规范执行中的强制性调整为引导性,这是最关键的一步。异形词在语言文字中长期并存并用,不同的写法各有其来源,都有相当数量的使用者,它的规范只能通过从众择优的路径。《整理表》当初就明确指出："本规范是推荐性试行规范。"推荐性规范就是不做硬性规定的规范，所以异形词的词形应该只有推荐和非推荐之分，没有只许这样写，不能那样写的要求。在图书、期刊、报纸和其他媒体中，采用推荐词形或非推荐词形都应该是可以的；在出版系统的编校质量检查中，无论何种写法，只要书写正确，前后一致，应该一律不计差错。

如果能够取得这样的共识，则更能体现语言文字规范的柔性原则。即便是理据性、通用性偏弱的写法，也不进行人工干预，而允许其自行逐渐退出社会使用；理据性、通用性相差无几的写法，则允许其继续作为人们自主择用的选项。制定语言文字规范，须要具有更为宽阔的视野，不仅从大陆（内地）的使用情况出发，也要适当考虑其他华语社区的使用情况，能够兼容并蓄最好，不要单纯为了规范而无谓地拉开距离。在词汇发展的历史长河里，异形词的使用，有些可能优胜劣汰，有些可能共存共荣，有的甚至可能出现"逆转"的情况，还有的可能因为语音、语义变化而不再符合异形词标准。鉴于以上情况，将异形词规范定位于引导性规范才是正确的，强制地规定孰可孰不可就违反了科学原则。

第二，要进一步明确异形词的定义和规范对象。将那些不符合异形词定义和不属于规范对象的排除在外。

例如"直截了当—直捷了当—直接了当"一组中，要删去"直接了当"，因为"直接"读 zhíjiē，与"直截、直捷"的读音 zhíjié 不同。

再如"红彤彤—红通通""混沌—浑沌""霎时—刹时""模棱两可—摸棱两可"等都不要再看作是异形词，原因上文已述。

异形词整理应该根据汉语的特点，多从字（语素）的层面入手。能在字（语素）的层面解决的，不在词的层面解决；能在词的层面解决的，不在短语的层面解决。例如"账本—帐本"一组，如果在"帐"字的注释中已经列出"旧同'账'"的义项，那么就可看作这个问题解决了，而且"账簿—帐簿、账册—帐册、账单—帐单、账房—帐房、账号—帐号、账户—帐户、账面—帐面、账目—帐目、账务—帐物"等一系列问题都随之解决了。总之，要适当控制异形词的规范数量，并不是越多越好。

第三，需要对普通话书面语中 1 000 多组的异形词逐一提出推荐意见。即把《第一批异形词整理表》《264 组异形词整理表（草案）》和《现汉》等辞书所列异形词加以整合梳理，经过研究权衡，推出一个相对完整的《异形词整理表》。只要我们推荐得有理有据，贴近语言实际，就会在引导规范上发挥很好的作用。

建议国家语委再次成立"异形词研究课题组"。课题组可以由以下几方面的人员组成：词汇学、语义学的理论研究者，语文辞书、科技辞书的编写者，图书、期刊、报纸、网络等媒体的编辑人员。课题研究成果的主要呈现形式即为比较完整、系统、科学，因而更易于执行、推广的《异形词整理表》。

课题研究过程中，不妨建立一个由中国辞书学会出面组织的，由各主要语文辞书、科技辞书的编写者、出版者参与的异形词处理协调机制。辞书，特别是语文辞书，是语言文字规范最普及的载体和最广泛的传播方式。在辞书内部，通过恰当的体例，系统科学地呈现字与字之间、字与词之间、字词内各义项之间的关系，有助于广大读者正确全面地学习、掌握和运用。对于异形词，如果没有不许出现哪种写法的硬性要求，而只是推荐哪一种写法更好，相信来自各个方面的意见比较容易达成一致。即便不尽一致，也无碍大局。如果能将形成共识的异形词先行在语文辞书中推行，广泛听取意见，接受社会检验，起到"试水"和"探路"的作用，也就为日后规范文件的制定和发布打下了扎实的基础。2008 年和 2009 年，国家语委曾经在北京组织过关于辞书用字、读音的协调会议，后来中国辞书学会编辑出版专业委员会也举办过类似的学术研讨会，都取得了较好的成效，希望这样的协调和研讨能够持续地开展下去。

参考文献

1. 长召其，张志毅. 异形词的规范. 语文建设，1998(4).
2. 晁继周. 说"执着". 辞书研究，2013(2).
3. 傅永和. 关于异形词的规范问题. 文字改革，1985(1).
4. 高更生. 谈异体词整理. 中国语文，1996(1).
5. 侯敏. 异体词的规范问题. 语文建设，1992(3).
6. 李行健. 我们是怎样整理异形词的. 编辑学刊，2002(1).
7. 李行健. 前言・关于异形词的整理、研究和规范. //原异形词研究课题组. 异形词规范讨论集. 北京：华语教育出版社，2015.
8. 李志江.《现代汉语词典》异形词处理的层次. 辞书研究，2002(6).
9. 刘永耕. 关于异体词的几个问题. 新疆大学学报，1989(4).
10. 苏宝荣. 关于异形词整理和规范的理论思考. 辞书研究，2002(4).
11. 苏新春. 再论异形词规范的俗成性原则. 语言文字应用，2002(2).

12. 殷焕先. 谈词语书面形式的规范. 中国语文,1962(6).
13. 余志鸿. 异形词定义的学术思考. 汉语学习,2004(3).
14. 张万起.《现代汉语词典》修订本对异形词的处理. 辞书研究,1998(2).
15. 中国社会科学院语言研究所词典编辑室编.《现代汉语词典》(第5、6版). 北京: 商务印书馆,2005,2012.
16. 周荐. 异形词的性质、特点和类别. 南开学报,1993(5).

新时代语言文字规范化标准化学术研讨会综述*

于东兴

上海杉达学院

摘　要　面向未来的语言文字规范标准工作如何开展，是关系到国家和民族的重要工程。新时代语言文字标准亟须修订和完善。少数民族拉丁化文字的规范存在的主要问题是字母体系的本地化和文化适应问题，以及同一语言的多文字形式问题。主流官媒宣传的途径比较传统，理念也相对滞后，缺乏有效的网络话语手段，总体宣传形象有待提高，舆情干预意识也有待加强。当代语言生活中的语言使用不规范现象集中表现在公共用语、地名和对特定职业人群的污名化等方面。要加快并完善语言规范标准建设，积极应对语言生活中的语言变异和负面舆情。新时代语言文字规范标准工作应立足未来，在大语言文字工作的格局下，结合国家建设发展的实际需求，跳出语言看语言，坚持问题驱动，对形势予以准确研判，扎实推进语言文字规范化标准化的理论研究和实务工作。

关键词　语言文字　规范标准　语言治理　语言生活　语言规范观

一、引　　言

新中国成立以来，语言文字规范化标准化工作取得了显著成绩，积累了宝贵经验。（王翠叶　2005）从开展现代汉语规范化工作，为少数民族改

---

* 本文曾以《中国语言政策规划：新时代中国语言文字规范标准思考——新时代语言文字规范化标准化学术研讨会暨第四届中国语言政策研究热点与趋势研讨会综述》为题目，刊发于《浙江大学学报》2020 年第 2 期。基金项目：教育部哲学社会科学研究重大课题攻关项目（项目编号 18JZD015）。

进或创制文字，到改革开放以后明确提出以语言文字规范化标准化为核心工作任务，再到二十一世纪以来进一步完善语言文字规范标准体系，开展以和谐语言生活为目标的语言治理，在每个历史阶段，我们都有明确的任务和工作目标。其中的经验和成就需要全面系统总结，以树立语言自信，坚定制度自信。

从二十世纪五六十年代起，《汉字简化方案》《汉语拼音方案》《简化字总表》相继颁布，对国家普及文化教育、扫除文盲贡献巨大；八九十年代以来，《普通话异读词审音表》《标点符号用法》《关于出版物上数字用法的试行规定》等陆续发布实施，充分保障了语言文字在社会生活中的作用发挥。《中华人民共和国国家通用语言文字法》确立了普通话和规范汉字作为国家通用语言文字的法律地位。而与该法配套的语言文字规范标准建设则是加强国家通用语言文字推广普及的战略举措，体现的是国家核心利益，维护的是国家主权和尊严。(姚喜双 2012)

二十一世纪以来，《标点符号用法》等若干重要规范标准修订发布，特别是国务院公布的《通用规范汉字表》，为加强语言文字规范管理、促进依法行政和提升政府公共管理服务水平提供了重要依据。《通用规范汉字表》是贯彻《中华人民共和国国家通用语言文字法》，适应信息时代社会各领域汉字使用需求的重要汉字规范，是对五十多年来汉字规范整合优化的最新成果，也是新中国成立以来汉字规范的总结、继承和提升。(李卫红 2014)

新时代面向未来的语言文字规范标准工作如何开展，是关系到国家和民族的重要工程，无论是国家的教育、文化、科技事业的发展，还是国家的信息化建设、软实力建设，都与语言文字的规范发展密切相关。2019 年 11 月 16—17 日，新时代语言文字规范化标准化学术研讨会暨第四届中国语言政策研究热点与趋势研讨会在上海举行，会议由教育部语言文字信息管理司指导、上海市教育科学研究院主办，上海教科院国家语言文字政策研究中心、武汉大学中国语情与社会发展研究中心、北京语言大学中国语言文字规范标准研究中心、厦门大学国家语言资源监测与研究教育教材中心联合承办，《浙江大学学报(人文社会科学版)》为本次会议的学术支持单位。来自教育部、高校、科研院所、出版机构、学术团体的三十多位专家领导全面回顾了新中国成立以来我国语言文字规范标准建设所取得的丰硕成果，围绕新时代国家语言文字事业的新使命与发展方略，达成了多项研究共识，提出了多项政策建议，研究议题涉及新时代语言文字规范化标准化的新形势新任务、语言规范观、语言文字规范标准制定、特定领域的语言文字规范标准建设、以语言规范为价值取向的社会语言生活治理等。会议对于推动新时代语言文字规范化标准化的理论研究与实践应用具有重要意义。

教育部语言文字信息管理司司长田立新认为，面向未来的语言文字规范化标准化研究对新时代语言文字工作的创新发展具有重要意义。我们所处的历史方位是新时代中国特色社会主义，这一历史时期是以信息化、全球化、智能化为特征的，世界面临百年未有之大变局。这就要求我们基于人类发展的视角，从中国的语言国情出发，前瞻未来，根据十九大的整体国家建设发展战略部署，全面系统研究我国语言文字事业发展所面临的机遇和挑战，找到语言文字事业发展的着力点，加快与综合国力相适应的国家语言能力建设，更好地服务国家战略全局。

二、新时代语言文字规范标准工作的问题导向

科技发展和社会思潮的演变都给语言文字事业带来了很大的挑战。现实空间和网络空间已经深度融合，人机共生的社会悄然而至。语言信息化时代需要什么样的语言规划，怎样进行规划，我们还没有很好的经验。过去只需要进行人的文字规划，现在做规划必须考虑机器。语言智能化的时代给新时代语言文字规范标准工作带来了很多挑战。(李宇明 2020)

北京语言大学教授李宇明对影响语言文字规范的一些重要因素进行了总结归纳：第一，已有规范所形成的语言生活习惯明知不好，但要想改也很困难。第二，后现代文化思潮是解构主义不是结构主义，是反权威、反规范，不愿意受约束。第三，过去制定规范可以只在普通话系统内部考虑，现在制定普通话标准则要兼顾方言、大华语、汉语国际教育等，且这些兼顾的考量因素比重越来越大，甚至在某些方面超出了已有规范的知识范畴和意识范畴。第四，传统文化对今天我们制定规范的影响很大。古代汉语和现代汉语之间并没有一个清晰的界限，但随着时代的发展，词义发生了一些根本变化，像“空穴来风”在古代指事出有因，在现代则是事出无因。第五，对中国传统文化不加辨别地盲目追捧，真正的文化自信应体现为着重展示当代人塑造的中国文化。

(一) 语言文字标准亟须修订和完善

教育部语文出版社副总编辑王翠叶认为,语言文字标准不像技术产品标准,语言文字是连续性的、动态变化的,尤其在无人不媒体、无处不媒体的时代,人人都使用语言文字,人人都有发言权,规范标准的缺失、执行不到位或争议都容易形成负面舆情。事实上,有些基本标准的确存在缺口,如普通话语音标准的轻声、儿化,异形词只有第一批整理表。再比如汉字的结构缺少标准,目前只有宋体即印刷体有标准,手写体还没有,但书法教育需要各种各样的手写体。还有地名用字读音问题,播音员常因此被罚款。标准有的不够用,有的不好用,比如笔顺标准缺少规范原则,不便学记。印刷宋体字形标准沿用的是《印刷通用汉字字形表》,有些字还需要微调,如“琴”和“碧”两字左上王部的第四笔就需要特殊记忆。字形标准是汉字的属性标准和基础标准,如果形没定,其他都无从调整。

还有部分标准没有真正执行。有些是因为缺乏宣传和充分告知,比如《通用规范汉字表》里面恢复了部分异体字的使用,但大家没有正确使用,有的字已经简化,但大家还是愿意用繁体字。再如书法教材里有大量的繁体字和异体字,低段学习学的是简化字,但书写的时候要写繁体字;对部件、笔画、名称的称说有标准,但实际教学中没有完全执行,且各执己见。有些是因为理解不正确,没有执行。社会各界依据辞书实施标准,但因为辞书有一个修订过程,所以我们提倡实施标准时参照标准文件。

教育部语言文字应用研究所高级工程师王晓明从语言文字产品标准化认证工作的角度,举例说明了《通用规范汉字表》与计算机字库之间的标准不匹配问题。国家语言文字工作委员会(以下简称“国家语委”)发布的规范汉字是 8 105 字,实际上计算机字库里已经涵盖了 8 万多字,而且这个标准仅是宋体的字形规范,没有仿宋体、黑体的字形规范,这意味着计算机里的大部分汉字都是无标准可依的。《通用规范汉字表》与信息产业部出台的计算机汉字标准《汉字内码扩展规范(GBK)》也高度不匹配,现在国家标准要求强制实施字符集基本平面的 27 484 字,但规范汉字只有 8 105 个字,这意味着 1 万多字没有标准,只能以信息产业部的实际做法为准。信息产业部还做出了一个收录 70 244 字的超大型中文编码字符集强制性标准 GB 18030—2005《信息技术 中文编码字符集》,具体到了字形和语言文字本体层面。这表明我们现有标准的涵盖范围不够,客观操作性不强。机器读音的规范标准也存在问题,现有标准如《普通话异读词审音表》,机器读音往往无法执行,但这些机器读音在公共场所的应用却很广。

测查认证应是语言文字规范标准实施最好的监测手段,但我们是以人机结合的方式进行监测,信息化程度还不高,原因在于产品的复杂性,我们的监测对象是产品中的语言文字,不是语言文字产品。像国家新闻出版署质监中心也是对纸本进行抽样,没有做信息化尝试。在缺乏明晰操作规则的前提下,很难做出信息化、自动化的监测系统,更不用说做成通用的监测系统。

(二)少数民族语言文字规范的几个关键点

中国社科院民族学与人类学研究所研究员黄行认为,少数民族语言或者非通用语言最本质的特点是差异性和多样性,而通用语言追求的目标是规范和标准,因此二者之间存在冲突。少数民族拉丁化文字的规范存在诸多问题,一个比较大的问题是字母体系的本地化和文化适应,因为拉丁语是古罗马时期的文字体系,是特定历史时空的文化代表,所以一定要进行地方化和文化适应。根据ISO798国际标准,文字体系的转换包括字符转写和语音转写。我国梵文字母藏文的拉丁转写、回鹘文字母蒙古文的拉丁转写、阿拉伯字母维吾尔文的拉丁转写都属于字符转写。(黄行2018)字符转写的基本原则是被转换系统的字母表中每个字符和转换字母表的字符一一对应,字符之间可以完全地、无歧义地进行逆转,而不考虑转换的字母表和该语言现行语音系统的关系。所以我国传统民族文字的拉丁转写往往代表古代的书面语系统,与现代方言和口语之间没有直接的对应关系。我国传统通用少数民族文字,如采用回鹘式字母的蒙古文、满文、锡伯文,采用梵文字母的藏文,采用巴利文字母的傣文,采用阿拉伯字母的维吾尔文、哈萨克文、柯尔克孜文,采用自创字母或参照汉字、八思巴字字符的朝鲜文的拉丁转写进程总体上比较滞后,目前或者没有成熟完备的国家标准和国际标准的转写系统,或者使用国外设计的转写系统(如藏文和朝鲜文)。此种状况亟待改进完善,因为我国传统民族文字的拉丁转写不仅涉及文字的国际化、规范化和信息化,还涉及语言文字规范标准的国家主权问题。

另一个突出问题是同一语言的多文字形式。在很多民族地区,存在同一种语言对应多种文字的现象,甚至一个民族、一个地区使用同一种语言,却使用多种文字,比如政府创制文字,改革开放以后和之前的新老文字，民间设计的文字，西方传教士遗留的文字和境外传入文字。从本质上来说，同一种语言使用多种文字是消极的冗余现象，会增加文字使用者的负担，削弱民族文字的权威性和实用性。如何将这些多种文字进行统一，还需要通过进一步的调研和实践加以重新规划和规范。

（三）当代语言生活中的负面舆情治理

《语言文字周报》社执行主编、编审杨林成引用国际知名学者麦克卢汉的观点，指出大众传播已进入社群传播的新时代。互联网和以手机为代表的移动终端使媒介化社会提早到来，媒介化社会中，全部社会生活、社会事件和社会关系都可以在媒介上展示。人类社会的传播形态已经历部落化、非部落化两个阶段，目前又进入新部落化时代，即人群根据意识形态重新归类，进入社群部落化时代。随着移动互联网的迅速发展，这些多元化的部落生态单元又进一步裂变，分化为形形色色、纷繁复杂的社群，同一社群中的人趋同性更强，不同社群之间差异性更大，社群间的联动多样复杂。（方雪琴 2010）这意味着过去由官方权威机构占据的自上而下的大众传播主渠道，已演变为今天多数人对多数人的传播形态。微博、微信公众号等网络新媒体传播速度快，传播效率强，传播范围广，已日益成为各社会阶层利益表达和情绪宣泄的主渠道，甚至可以说是社会中下阶层的代言人。语言文字行政主管部门主导的传统主流媒体在社会舆论的形成与发酵中不再占据绝对优势。

通过对一个负面舆情案例的详细分析，北京语言大学中国语言文字规范标准研究中心副主任徐欣路提炼出一些舆情传播特点。第一，民间负面舆情的形成通常是通过网络新媒体迅速占领话语高地，在当代社会负面舆情关键节点的触发过程中，个人因素和商业因素等非语言文字因素起了关键作用，几乎不可能提前预测并有针对性地设防。第二，在应对策略上，负面舆情的病毒式扩散通常是非理性的，单纯的事后解释、讲道理的干预效果有限，很难破解谬误，还原真相。这表明主流官媒宣传的途径比较传统，理念也相对滞后，缺乏有效的网络话语手段，与民间舆情热点往往不在一个频道上，与时代热点和社会心理存在脱钩现象，总体宣传形象有待提高，舆情干预意识也有待加强。

（四）当代语言生活中的语言使用不规范

当代语言生活中的语言使用不规范，集中表现在公共用语、地名和对特定职业人群的污名化等方面。

南京大学外国语言学研究所所长陈新仁认为,公共用语的使用应着重考虑合法性和得体性,既要符合国家语言文字使用方面的法律、规范、标准等,又要考虑不同类型的公共用语与不同场合、不同阶层人群的合理匹配。公共用语中不应出现语言暴力、语言威胁和语言低俗现象。公共场所中面向大众的语言使用应简洁、易理解。涉及政府宣传的公共用语应能够展现积极的中国形象或地区形象,有些地区宣传用语效果是负面的,不能营造良好的地方或城市形象。国际关系学院教授盛静则强调,污名化的语言使用可能会威胁国家安全和社会稳定,影响国家形象。针对某个行业领域或特定群体的污名化是语言暴力,严重者甚至会威胁从业者的生命安全。四川外国语大学中文系主任周文德指出,无论是从语言文字规范角度、国际交流角度还是从社会民生角度、文化自信角度和国家治理能力角度而言,我国的地名规范都迫在眉睫。民政部地名研究所研究员商伟凡认为,在国家标准化层面,中国的地名规范存在三方面的问题:一是用字问题,二是读音问题,三是语词问题;在国际标准化层面,存在中国地名的国际化拼写和外国地名的汉字译写这两方面的问题。

三、面向未来的语言文字规范标准工作政策建议

(一)加快并完善语言规范标准建设

王翠叶建议,做好语言规范标准的建设,首先要摸清底数,做好顶层设计,以标准够用、管用和好用为目标,向精细化发展,有序修订。应先修订一些本体性的基础标准,同时理清通用标准与专用标准的关系,在系统考虑的前提下,针对不同领域可给出差异规定。在制定标准时应处理好科学性与现实性的关系,学理与俗实的关系,尽量照顾符合规律的一般应用习惯。凡是有利于应用、学习、汉语国际传播和子孙后代传承的通用语言文字修订,即使改变了少数人某些不符合规律的习惯,也是值得的。针对已颁布的语言规范标准的复审和修订,要刚柔相济,抓住重点,加强服务。要充分利用修订的时机,在发布后长期跟踪,形成常态反馈机制,该修订的修订,该保持的保持。关于标准的施行,重点是辞书和教科书。标准的认证工作今后还可以再加强。对少数民族语言来讲,其多样性和差异性远大于国家通用语言,因此黄行建议少数民族语言规范采用国际惯例和国家语言文字规范标准,同时要考虑它们的特色,只有与本民族语言

文字以及民族文化特色相结合，才会成为比较成功的规范实践。

北京外国语大学教授文秋芳希望进一步完善通用语言文字规范，加强通用语言文字规范的执行力，如《关于改用汉语拼音方案作为我国人名地名罗马字母拼写法的统一规范的报告》在 1978 年就公布了，但北京大学、清华大学的英文名一直未采用汉语拼音。文秋芳还特别指出，与美国相比，我国有着明显的制度优势：行政机构体系完善，规划具有系统性、长期性和延续性，对社会语言生活的研究与交流具有强烈的顶层设计意识与超常的执行能力。但对我国在国家语言事务治理能力方面取得的成就，学界缺少系统的理论研究。今后，我们需要组织学者从历时和共时两个角度，对我国语言事务治理实践进行梳理和凝练，提出具有中国特色的国家语言事务治理理论，并和多个国家比较，在国际学界发声，提高我国的话语权。（文秋芳 2019）

中国社科院语言所副编审李志江建议，国家语委应再次成立异形词研究课题组，课题组可以有几方面人员组成，一个是词汇学、语义学的理论研究者，一个是语文辞书的编写者，一个是编辑，还有一个是中办秘书局、国办秘书局的相关人员。这样可以确保规范的执行和更全面地采纳意见。在异形词规范的执行过程中，最好能形成一个协调机制，比如由中国辞书学会出面，组织一个辞书的协调小组，在一些规范变成正式文件发布之前，辞书界可以形成相对共识，尽量减少辞书间的差异。

王晓明建议，在充分了解信息领域客观需求的前提下，语言文字产品的标准制定应能够覆盖全信息领域。在制定标准的过程中，要更注重规则的人机无差异识别和执行。此外，要充分整合现有标准规范，集中发布，便于社会执行。

（二）积极应对语言生活中的语言变异和负面舆情

现实语言生活中的语言变异有两种：既符合汉语结构和运用规律，也符合社会文明规范的变异，是积极的变异；反之，则是消极的变异。对于积极的语言变异，应主动承认、接受，尽快把它们吸收进汉语库中，让它们成为汉语的新成员；对于消极的语言变异，则要抵制、纠正，把它们当成语言生活中的主要规范对象，排除在汉语库之外，不让它们侵入汉语的肌体。《咬文嚼字》执行主编黄安靖建议，处理语言变异可考虑三个原则：第一，通用性原则。变异一定要有群众基础，只有大众认可的、在社会广泛流行的才能称为积极的，有一些变异没有在社会广泛流行，便没有群众基础,不符合通用性原则。第二,逻辑性原则。对一些语言变异的处理如果进行重新解释,一定要符合逻辑性原则。如"鸡枞菌","枞"其实是从土的,因为这种菌是长在土里面的,并且很美味,但因为打字有困难,所以用"枞"。第三,系统性原则。有些变异虽然在逻辑上讲得通,用的人很多,有群众基础,但我们要把它放在语言系统中整体考虑,看它是否有害于语言系统的内在结构体系,是否与语言系统中的其他成员发生冲突,是否能够与语言系统完全融合。只有同时满足三个原则,才能成为积极的语言变异。

新时代的网络语言文字舆情监管工作必须顺应社群传播新时代的特点,顺势而为,才能及时化解网络语言文字舆情危机,增强语言规划和语言政策普及传播的有效性。杨林成建议,化解网络语言文字舆情危机的策略可从治标与治本两方面着手：治标就是在负面舆情发生之后,语言文字管理部门迅速响应,密切团结新媒体、自媒体的大咖和意见领袖,借力发力化解突发的语言舆情危机,尽快屏蔽乱象。此外还要建立完善的纠错机制,及时回应舆论质疑,树立倾听呼声、顺应民意、有错就改的良好姿态。对于一些有预谋的恶意语言舆情,应保持足够警惕,坚决反击惩治。治本则着眼于加强语言文字政策的宣传力度和语言文字常识的普及,提高社会大众的语言文字素养,并树立动态的语言文字规范观。

徐欣路则提出了五条具体建议来有效应对语言文字规范化负面舆情事件：第一,利用好行政资源,建立规范应用问题的采集响应机制,面向各个应用领域,常态化采集一线使用者的语言文字规范问题与意见,了解主要的困惑和想法,避免负面意见的过度累积。第二,利用好基础教育改革资源,建立促进基层自我宣贯的激励机制。第三,利用好新媒体资源,建立全新的网络话语宣传机制。新媒体时代,诸多政府部门乃至军队均开通了官方微博、微信、抖音账号,特别是火箭军的"东风快递",其话语方式非常容易让民众接受。相较而言,国家语委还没有开通此类新媒体的宣传平台,建议尽快开设国家语委的官方新媒体账号,以全新的网络话语方式来讲述以往只用官方话语表述的包括规范标准在内的故事。第四,利用好时代热点和社会心理资源,建立国家语言文字事业形象的重构机制。比如说传统文化热,应该着力呈现规范化标准化工作对弘扬传统文化的重大意义,着力阐释规范标准设计中对传统文化的尊重和升华,着力挖掘中国古代语言文字学术观念中实事求是、反对守旧的优秀传统。应该把握好全社会对国民母语能力下降的焦虑心态，着力揭示汉语应用能力下降背后规范标准掌握水平过低的实质，着力呈现规范标准在汉语应用能力提升上的重要意义等。第五，利用好舆情服务资源，建立舆情预警与快速反应机制。对舆情的预警、分析、快速响应等，我们尚缺乏经验，所以要建立舆情的预警和快速反应机制，对可能引发舆情事件的动向做到及时预警、及时研判、妥善应对。

四、新时代语言文字规范标准工作的未来展望

由过去的以语音为载体到以文字为载体，再到现在的以数码为载体，语言的载体不断变化。这些载体的产生使语言的功能有了新的突破，语音的产生实现了有限的人际交流，文字的产生实现了各时空的交流，而数码的产生则实现了人机交流，乃至机器交流。武汉大学中国语情与社会发展研究中心主任赵世举认为，如果信息化给人类和语言带来了信息扩容的话，智能化则使人类的能力和语言的功能增效了，处理海量语言信息有了更简便的手段，因此可以说，信息化和智能化再赋能了语言，也对人类生活产生了根本影响，由此带来的语言生活的变化也是全方位的。

在中国，语言文字规范是语言规划最重要的组成部分。无论何时，语言文字规范都是语言文字工作的基础。(吕冀平 1996)从根本上讲，语言文字规范标准是随时代变化而变的，匡谬正俗虽有作用，但绝不是语言规范的首要目标或核心目的。规范不是要限制语言的发展，规范本身就是把语言的规律贯彻到它力不从心的地方，如人名、地名、成语、俗语等。

李宇明提出，对语言规范而言，最重要的是树立一种选择观，即按照语言文字的发展规律去选择。新时代语言文字的规范多数是软性规范，我们按照语言文字规律在语言使用产生歧义的地方主动做出选择方案，从而满足现实语言生活中的社会需求。王翠叶则表示，标准的作用是为了统一和应用，而不是为了限制，标准主要是引导，而不是强制。标准不可能完美无缺，要允许有问题，不要过分苛责。赵世举认为，语言规范要与时俱进，注重差异化规范，要更新语言规范观念，破除规范理想主义、浪漫主义和纯净主义等陈旧观念，做到规范务实化。要通过开展语言规范标准普查和顶层设计，来剔旧、纠偏、补缺、完善。要借助科技手段，利用大数据优势，全样本分析、全社会征询、全方位测试，实现语言规范研制科

学化和语言规范实施现代化,在语言使用规范和本体规范之外,应加强法制建设,尤其要关注语言道德规范,实现语言文明。

党的十九届四中全会要求坚持和完善中国特色社会主义制度,推进国家治理体系和治理能力现代化。语言文字规范化标准化直接关乎国家治理过程中语言文字的使用效能,关系到国家认同、民族团结、文化自信,也是国家治理得以开展的一个重要前提。因此,我们要扎实做好国家语言文字规范标准工作,推动语言文字事业不断取得新的进展。新时代语言文字规范标准工作应立足未来,在大语言文字工作的格局下,结合国家建设发展的实际需求,跳出语言看语言,坚持问题驱动,对形势予以准确研判,扎实推进语言文字规范化标准化的理论研究和实务工作。

参考文献

1. 方雪琴. 媒介融合时代政府危机传播的转型. 中州学刊,2010(6):253-255.
2. 龚云. 全面深化改革如何向整体和纵深推进. 人民论坛,2018(31):38-39.
3. 黄行. 汉语拼音方案与拉丁化民族文字字母设计. 语言文字应用,2018(4):2-8.
4. 李卫红. 通用规范汉字表:利国便民的重要工程. 中国语言生活状况报告,2014(1):15-20.
5. 李宇明. 计算机正改变着我们的语言生活. 韩山师范学院学报,2020(1):1-4,102.
6. 吕冀平. 给本刊编辑部的信. 语言文字应用,1996(4):36-37.
7. 王翠叶. 语言文字标准化工作的基本原则. 云南师范大学学报,2008(3):13-20.
8. 文秋芳. 国家语言治理能力建设70年:回顾与展望. 云南师范大学学报,2019(5):30-40.
9. 姚喜双. 大力推广和规范使用国家通用语言文字. 语言文字应用,2012(2):6-13.

第二部分
语言规范建设与治理

汉语融媒体辞书资源整合的思考*

——从《当代汉语学习词典》谈起

亢世勇

鲁东大学国家语委汉语辞书研究中心/文学院

摘　要　文章以《当代汉语学习词典》为例，论述了融媒体辞书所需的各种资源，包括选词立目、注音、释义、语法信息、文化背景、插图、小视频、音频等的开发与整合利用，最后提出了对于融媒体词典规范性、资源整合的保障的意见，为融媒体辞书资源的整理利用提供了蓝图。

关键词　融媒体　学习词典　资源整合

一、《当代汉语学习词典》的设想

《当代汉语学习词典》系列是上海外语教育出版社申请的国家"十三五"重点出版规划项目，该系列计划从主要针对中小学生的内向型学习词典做起，在此基础上改编成外向型学习词典，并陆续推出汉英、汉日、汉俄、汉法、汉德等多语种版本。内向型学习词典是该系列的核心，是外向型系列词典编纂的母本依据。基于目前国内汉语学习词典的出版情况，我们决定在"守正出新"的基础上凸显自己的特色，奉行"够用为度，实用为上"的原则，以适应新时代数字化环境下的学习者的需求。

该词典计划开发为融媒体词典，力求融入数字化环境，打破传统纸质词典篇幅和形式单一的局限。根据内容特点，该词典将分别呈现三种载体：

---

* 本文的主要观点及内容作为《关于汉语融媒体学习词典的思考——以〈当代汉语学习词典〉为例》(《鲁东大学学报》，2020年第2期)及《汉语融媒体学习词典的编纂——以〈当代汉语学习词典〉为例》(《辞书研究与辞书发展论集》第五辑，上海辞书出版社，2021)的一部分已经发表，收入本书时单独立篇，做了一些补充修改。

(1) 纸质词典(最核心、最基础)

(2) App 应用(配置音频、例句篇幅适当扩大、增加辅助功能)

(3) 网站(单条查询、扩展延伸内容、用户交互)

李宇明教授(2019,2020)总结了融媒体辞书的特点,融媒体辞书的本质特征在于"融合",一是自媒体的融合,二是编纂者与用户之间的融合,三是辞书与相关资源的融合。

《当代汉语学习词典》将积极进行编纂实践:1. 融合纸质、网站、App 等不同载体,相互补充,相得益彰,为每个词语设置二维码,扫码可读取全部信息,包括插图、读音、视频等,实现图文音像立体释义。2. 在网络和手机端开通用户通道,用户可以参与词条或与义项的添加、修改,实现"编者-用户"的深度融合。3. 整合各种资源,词语信息集大成,满足学习的需要。

我们目前遇到的最重要的问题就是如何整合各种资源。《当代汉语学习词典》希望在这方面做一个积极的尝试。

二、选词立目、注音及其资源的整合

选词立目、注音以苏新春老师(2019)主编的《义务教育常用词表(草案)》为基础,补充《新词语大词典(1978—2018)》(亢世勇,刘海润 2018)当中高频、稳定的新词语。

《义务教育常用词表(草案)》所收录的词语都属于现代汉语通用书面语词汇,在《现代汉语常用词表(草案)》(商务印书馆,2008)、《汉语国际教育用音节汉字词汇等级划分(国家标准、应用解读本)》(北京语言大学出版社,2010)、《现代汉语词典》第 5 版(商务印书馆,2005)、《现代汉语规范词典》第三版(外语教学与研究出版社,2014)、《新华字典》第 11 版(商务印书馆,2011)等重要词表、词典中都出现过,是以过去多年国内使用面较广、使用时间较长、影响较大的几套中小学语文教材课文语料为基础统计出来的,还在国家语言文字工作委员会语言资源监测与研究中心研制的大规模词汇统计表等资源中进行验证,都是使用度较高、使用范围较广的词语,具有典型性、规范性,符合中小学词汇教学的需要。

《义务教育常用词表(草案)》的注音参照了《汉语拼音正词法基本规则》(2012)标注的。具体拼音一般参照《现代汉语词典》第 7 版。《现代汉语词典》未收的词语，也依照《现代汉语词典》的注音原则标注拼音。保证了注音的规范性。

《新词语大词典(1978—2018)》收录了自1978年改革开放以来产生的新词、新义共两万多条。这些词语都是在"人民网"等大规模语料库中监测过的，大多数使用时间长、使用频度高，是比较规范的当代汉语词汇。其释义是在利用语料库技术在"人民网"、《光明日报》、《南方周末》、《羊城晚报》等多种媒体语料资源的基础上总结归纳出来的，较为全面、准确。该词典的注音，同样依据《汉语拼音正词法基本规则》标注，准确规范。适当收录新词、新义，可以增强词典的时代色彩，同时满足学生学习、运用当代汉语的需要。

这两项资源整合基本可满足中小学生及一般读者的需要。为了进一步扩大词汇量，我们还考虑增加"关联语汇"这一栏目，通过该栏目增加词典的词汇量，达到三万多条。比如在"客人"词条下，增加【关联语汇】：客帮、客舱、客车、客船、客串、客店、客队、客饭、客房、客观、客官、客户、客机、客籍、客家、客流、客轮、客票、客气、客商、客套、客体、客厅、客土、客位、客星、客姓、客源、客运、客栈；暴客、镖客、宾客、不速之客、常客、乘客、刺客、待客、房客、港客、顾客、贵客、过客、豪客、好客、回头客、会客、剑客、娇客、来客、留客、旅客、买客、男客、陪客、请客、骚客、生客、食客、熟客、说客、外客、舞客、稀客、侠客、香客、游客、远客、载客、政客、作客、座上客。

另外，在注音方面，为配合《汉语拼音正词法基本规则》的实施，由国家语言文字工作委员会(以下简称"国家语委")、全国科学技术名词审定委员会、鲁东大学、商务印书馆和上海辞书出版社共同研发的"汉语拼音词汇数据库"已成规模，出版了《汉语拼音词汇专名部分(草案)》(上海辞书出版社，2015)。在此基础上，姜岚教授率领的团队承担了《辞海》第7版的注音工作，目前已经完成。这些都是非常好的资源，可以充分整合利用。

三、词语的释义与释义的资源整合

释义是词典的灵魂，决定着一部词典的质量。目前《辞海》《汉语大词典》《辞源》《汉语大字典》《现代汉语词典》《现代汉语规范词典》《新华字典》等权威工具书经过长期的积累，已经拥有了丰富的资源。这些辞书着眼于自身的特点,从不同侧面对于词语的意义进行了比较详细的刻画,有重视历时的,有重视共时的;有重视语文的,有重视百科的。综合起来,就是对词义进行全景式的描绘。把这些资源整合起来,建立汉语辞书释义资源库,便于进行对比研究,发现现有辞书的长处与不足,形成互补,为融媒体辞书的开发奠定词语释义的基础。同时,针对不同类型的辞书,如:学术型的、学习型的,内向型的、外向型的,面向儿童的、面向成人的等,提出释义的理论创新,并且指导《当代汉语学习词典》释义的编写。

从学习型词典"以用户为中心"的原则出发,我们希望《当代汉语学习词典》能够做到让学生知其然,还要知其所以然,不仅理解该词语的意思,而且要从中掌握规律,通过类推的方法,举一反三,触类旁通,有效扩大词汇量,提高学校效率。由此出发,在说明词义的同时,我们还需要从以下几个方面进一步丰富词典释义的内容。

(一) 建立字(语素)的形音义之间的联系,为字形、字音、字义搭桥

汉字是形音义一体化的符号。字义与字形、字音有一定的关系,我们可以通过汉字"六书"来说明字的形音义之间的关系。象形字、指事字、会意字通过字形表意,是表意文字,如鱼、刃、休等,我们应该提供这些字的字形演变信息,让学生通过字形理解字义(语素义)。形声字的字义与字形、字音都有一定联系,借助字形、字音来解释字义。假借、转注是用字的方法,字义与字音、字形都有一定的联系,可以借此说明。北京师范大学开发的"通用汉字全息数据库",广西大学林仲湘、李义琳等先生早年开发的《多功能现代汉字辞典》以及目前网络上的一些辞书资源都对常用汉字的"字形演变"及字的形音义关系等信息有比较全面的描述,都是很好的资源,可以整合利用。

(二) 建立合成词当中的语素义与词义的关系,为语素义与词义搭桥

汉语合成词,特别是双音节词语,语素义与词义之间有直接或间接的关系。经过我们研究,语素义与词义的关系,可以概括为以下八类:

(1) A+B=A=B　(2) A+B=A　(3) A+B=B
(4) A+B=C　(5) A+B=A+B　(6) A+B=A+B+D
(7) A+B=A+D　(8) A+B=D+B

第一种方式是指 A、B 两个语素是同义的,词义就是其中的一个语素义，例如“门户”“哄骗”；第二种方式是指词义只保留了语素 A 的意义，B 的意义已经不存在了，即带有后缀的词以及一些偏义复词，如“稻子”“人物”“质量”；第三种方式是指词义是语素 B 的意义，而 A 已经不存在了，即带有前缀的词，如“阿哥”；第四种是指词义和语素义之间没有任何明显的联系，A、B 组合后产生了新的意义，词的引申义和比喻义也属于此类，如“爪牙、绿色（健康的、安全的）”；第五种是指词义是由 A、B 两个语素义相加而成，如“陪考”“绿色”。第六种是指词义包含了 A、B 两个语素义，但是又加上了其他的意义（D），主要包括改变词性、前一个语素义与后一个语素义有领属关系、某个语素改变词性、带有某种陪义等，如“冷眼”“吉星”；第七种是指语素 B 的意义已经变成了其他意义（D），词义由 A、D 两个语素义构成，有的又加上了其他的意义，如“救星”“舅妈”；第八种是指语素 A 的意义已经变成其他意义（D），词义由 D、B 两个字位义构成，有的又加上了其他的意义，如“走运”。

可见，以上八种类型中，有七种语素义与词义有直接关系，从语义可以推出词义，我们可以在释义中利用这七种关系说明语素义与词义的关系。我们在国家自然基金项目、国家语言文字工作委员会科研项目等多个项目的支持下，开发了《汉语语义构词信息库》，并进行了相关研究。利用这一信息库及相关研究成果，可以解决这些问题。

（三）同义词辨析及同义词信息资源整合

同义词辨析是词汇学习的一个难点，也是各类语文考试的一个重点。辨析同义词也应该是学习词典的一个重点。我们目前采集了 1 700 多组同义词，涉及 3 000 多个词语，经过认真研究、编写之后，拟选取其中一部分编到《当代汉语学习词典》当中。

同义词辨析目前有很多优质资源，比如由张志毅、张庆云两位先生编写、商务印书馆 2005 年出版的《新华同义词词典》中型本，另外我们经过检索，发现还有十几部类似的词典：

1. 同义成语词典，南京大学出版社，2009 年
2. 商务印书馆学汉语近义词词典，商务印书馆，2009 年
3. 同义词大词典（辞海版），上海辞书出版社，2010 年
4. 现代汉语特殊同义词词典，新疆人民出版社，2000 年
5. 汉语同义词词典，商务印书馆国际有限公司，2002 年

6. 现代汉语常用词用法词典,中国书籍出版社,2004 年
7. 现代汉语虚词词典,上海辞书出版社,1998 年
8. 实用词语辨析词典,江西教育出版社,1990 年
9. 1 700 对近义词语用法对比,北京语言大学出版社,2005 年
10. 同义词词典,四川人民出版社,2002 年
11. 现代汉语同义词辨析,宁夏人民出版社,1986 年

此外,网络上还有很多同义词的资源。把这些资源有效整合起来,可谓蔚为壮观。

四、词语语法信息的呈现及语法信息资源整合

标注词性等语法信息是英语学习词典呈现词语语法属性的重要方式。《现代汉语词典》等汉语工具书近年来也在探索词性标注问题。汉语与印欧语属于不同的类型。汉语没有严格意义上的丰富的形态变化,汉语目前按照语法功能分出来的词类是多功能的,词类与句法成分不一一对应。这样对于汉语学习词典来说,不光要标注词性,还应该利用其他办法呈现更加丰富的语法属性,这样才更有利于学习者学习掌握。从目前我们掌握的情况来看,有两种办法可以有效呈现词语的语法属性:一是语法信息词典,二是标注句法信息的语料库,也就是例句库。

(一) 语法信息词典

语法信息词典即语法信息数据库,这方面的代表是北京大学计算语言学研究所开发的《现代汉语语法信息词典》。他们在朱德熙先生词组本位语法理论的指导下,结合汉语语法的特点,采用分类与属性描述相结合的办法来描述词语的语法属性,在粗分类的基础上,按照词类建分库逐一描写每个词语的语法属性。设立总库一个,名词、动词、形容词等主要词类各建一个库,总共设立了 400 多个属性对 8 万多条词语进行描述。词语的语法信息全面系统。

我们开发的《现代汉语新词信息电子词典》按照《现代汉语语法信息词典》的理论、方法描述了 3 万多个新词语的语法信息。

整合这两个资源,可以比较全面地反映现代汉语词语的语法属性。

(二) 句法信息标注的语料库(例句库)的开发

我们利用北京大学计算语言学研究开发的分词与词性标注软件进行分词与词性标注。将词类体系分为 18 类：名词(n)、动词(v)、形容词(a)、时间词(t)、处所词(s)、方位词(f)、区别词(b)、副词(d)、状态词(z)、代词(r)、数词(m)、量词(q)、叹词(e)、拟声词(o)、介词(p)、连词(c)、助词(u)、语气词(y)。

设立句法成分及功能标记 8 个：主语(S)、谓语/述语(P)、宾语(O)、定语(A)、状语(D)、补语(C)、中心语(H)、兼语(J)。

设立语义角色及标记 22 个：施事(S)、当事(D)、领事(L)、共事(Y)、受事(O)、客事(K)、致事(Z)、结果(R)、与事(T)、系事(X)、分事(F)、同源(B)、工具(I)、材料(M)、方式(Q)、原因(C)、目的(G)、方向(A)、范围(E)、时间(H)、处所(P)、数量(N)

制定标注规则,对句子进行以上信息的标注,标注样例如下：

(1) [S 这/r 只/q 鹰/n] D1 [P 患/v 了/u] V1 [O 烟雾/n 诱发/v 的/u 肺尘病/n] K1D2, [P 导致/v] V2 [O 血液/n {中毒/v} @ 和/c 血管/n {破裂/v} @]K2。

(2) [S 夏天/t]D1 [P 到/v]V1 了/y ,/w [S 小树/n]S2 [D 给/p 爷爷/n]T2 [P 撑/v]V2 [C 开/v [O 绿色/n 的/u 小伞/n]O2。/w [S 爷爷/n]D [D 不/d [P 热/a]V 了/y 。/w

(3) [S 葡萄/n]O [P 种/v]V [C 在/p 山坡/n 的/u 梯田/n 上/f]P 。/w [S 茂密/a 的/u 枝叶/n]D1 [D 向/p 四面/s]A1 [P 展开/v]V1 ,/w [D 就/d [D 像/v [P 搭/v 起/v]V2 了/u [O 一/m 个个/q 绿色/n 的/u 凉棚/n]O2 。/w

通过这种方式来呈现词语在句子中的词性、充当的句法成分、语义角色及其搭配等,较为全面、系统地反映了词语的语法属性。我们已经对人教版的两套语文教材的全部课文做了这样的标注。对比较通行的四套语文教材的课文做了分词、词性标注。此后还将进一步扩大标注语料库。

当然，这些例句除了能够典型反映词语的语法属性外，还要具有语义、语用的典型性。

五、词典的文化传承及文化背景资源库整合

文化传承是语文教育的重要内容，文化传承同样是词典的一个重要功能。汉语学习词典更要义不容辞承担起这一责任。汉语词汇，特别是成语、惯用语等，一般都有一定文化背景，在学习词典中我们应该展示相关的典故、文化背景等，这样一方面便于学生理解词语的意思，另一方面也起到了文化传承的作用。比如：

生：戏曲角色的一种，指男子，分为老生、小生、武生等。【知识提示】在京剧中，各种演出角色的分类叫做“行当”，分生、旦、净、丑四种。生主要扮演比较文雅的男性角色；旦主要扮演女性角色；净，又称“花脸”，一般扮演性格刚烈、暴躁甚至阴险凶恶的男性角色，要勾画脸谱，因此俗称“花脸”；丑一般扮演插科打诨比较滑稽或貌不惊人的角色。

时辰：【知识提示】我国古代将一天划分为十二个时辰，按十二地支子、丑、寅、卯、辰、巳、午、未、申、酉、戌、亥排序。一个时辰可以分为八刻，每刻约为 15 分钟。

狼狈：狈是传说中的一种动物，前腿特别短，走路时要爬在狼身上，没有狼它就不能行动，因此，狼狈合起来表示特别困窘的样子。

三长两短：有种说法与棺木有关。棺木是由六片木材拼凑而成，棺盖及棺底分别俗称天与地，左右两片叫日月，这四片是长木材，前后两块分别叫彩头、彩尾，是四方形的短料，所以合计共是四长两短。但棺盖是人死后才盖上的，所以只把“三长两短”作为死的别称，后来再加入意外、灾祸等意思。

三顾茅庐：又名三顾草庐，典出《三国志·蜀志·诸葛亮传》。公元 207 年冬至公元 208 年春，当时屯兵新野(今河南新野)的刘备，带着大将关羽、张飞三次到南阳邓县隆中诸葛草庐请诸葛亮出山辅佐，诸葛亮才答应。后辅佐刘备成就大业。

仁义礼智信：为儒家“五常”，孔子提出“仁、义、礼”，孟子延伸为

“仁、义、礼、智”，董仲舒扩充为“仁、义、礼、智、信”，后称“五常”。这“五常”贯穿于中华伦理的发展中，它与五行说“金木水火土”，古人创作的“梅花篆字”梅报五福(平安、健康、幸福、快乐、长寿)成为中国价值体系中的最核心因素。

目前有专门的文化词典、成语词典、百科词典，还有一些网络词典如百度百科、百度汉语、词典网等都有大量这方面的信息，资源丰富，可以充分整合利用。

六、插图、小视频、音频文件的应用及资源整合

插图在词典和其他一些著作里是常有的项目，商务印书馆还出版过《汉语图解词典》(商务印书馆，2010)。传统的纸质版词典中由于受到体量和展现手段的限制，插图量不能太大，更不可能插入小视频、音频文件，因此存在很大的局限，但融媒体词典在这方面具有显著的优势。充分利用插图、小视频、音频等文件是融媒体词典不同于传统的纸质版词典的显著特征。插图、小视频、音频不仅可以帮助说明词语的意义、用法等，而且具有比文字更加具体、鲜活的特点，能够激发学生的学习兴趣，提高学习的质量。因此，我们希望《当代汉语学习词典》把能够配上图的词语尽量都配图。有些插图不能说明问题的，需要用小视频的即插入小视频，比如“连声”“喷泉”等。注音及其他一些优美的片段，通过音频显示，更具特色。经过我们这一阶段的试验，多数词语都可以配上相适应的图片、小视频、音频等。为融媒体开发建设图库是非常必要的。同时，我们也注意到，目前网络上有一些平台，汇聚了大量的图片、小视频、音频资源，这些资源可以通过一定的创新机制进行整合利用。

同时，插图的过程可以反观我们释义的全面性、准确性。我们要找到图片、小视频的特点和释义的“义点”，实现最大匹配。由于这一要求，我们具体分析的释义中包含的“义点”、图片凸显的特点，根据释义的“义点”选择最典型的图片，也往往因为图片看着很好，但释义中找不到相应的“义点”，而对释义进行了进一步的完善。这个互动的过程，对完善释义、选择典型图片都是非常有益的。

七、规范性及资源整合的保障

(一) 规范性保障

规范性是词典的重要属性,汉语学习词典更要加强规范性。我们可以通过以下办法保障《当代汉语学习词典》的规范性。

(1) 收词以《义务教育常用词表(草案)》为基础,另外根据词典时代性的要求选录一部分新词语规范的新词语。以此保证收词的规范性。

(2) 注音按照《汉语拼音正词法基本规则》,参照《辞海》《现代汉语词典》等权威工具书的注音。以此保障注音的规范性。

(3) 例句语料来源于近年用得比较多的五套教材(人教版两套、苏教版、北师版、语文版)以及教育部最新统编语文教材的课文。对这些语料进行标注,展现出这些词语的语义、语法、语用环境。还有些词语,特别是成语,课文例句不足或者没有的,则在"人民网"中检索、摘录。以此保证例句的规范性。

(二) 资源整合保障

资源整合共享目前来说是一个大问题。目前资源整合共享机制还不够成熟、完善,很多资源得不到充分的利用,造成了很大的浪费。一方面,我们要多方协调,通过合作的方式,解决资源共享的问题;另一方面,国家有关部门应该做好顶层设计,进一步协调,通过有效的方式将这些资源"公有化",为大家共享。目前来看,这些资源的"公有化"还有一定的难度。十九届四中全会提出了"治理体制、治理能力的现代化",为解决这些问题,推进融媒体辞书发展提供了很好的路径。

参考文献

1. 董琨主编. 汉语拼音词汇(专名部分). 上海: 上海辞书出版社,2015.
2. 亢世勇. 语言资源开发与应用. 北京: 外语教学与研究出版社,2018.
3. 亢世勇,刘海润主编. 新词语大词典(1978—2018). 上海: 上海辞书出版社,2018.
4. 李宇明. 促进"融媒辞书"发展,加强辞书生活研究. 中国辞书学会公众号,2019-03-22.
5. 李宇明. 融媒体纵横谈. 语标微信公众号,2019-04-12.
6. 李宇明,王东海. 中国辞书历史发展的若干走势. 鲁东大学学报,2020(1).

7. 刘海润,亢世勇主编. 现代汉语新词语大词典. 北京：华语教学出版社,2018.
8. 刘璐,亢世勇. 基于物性结构理论的无向型名词语义构词研究——以汉语同义语素双音节合成词为例. 中文信息学报,2017,31(3).
9. 宋作艳. 生成词库理论与汉语事件强迫现象研究. 北京：北京大学出版社,2015.
10. 苏新春主编. 义务教育常用词表(草案). 北京：商务印书馆,2019.
11. 俞士汶等. 现代汉语语法信息词典详解. 北京：清华大学出版社,1998.
12. 章宜华. 论融媒体背景下辞书编纂与出版的创新. 语言战略研究,2019(6).

《现代汉语词典》与汉语语言文字规范

余桂林

商务印书馆

摘　要　文章以《现代汉语词典》在编纂和修订过程中对国家语言文字规范标准的贯彻执行和积极引导为切入点，阐述《现代汉语词典》和国家相关规范标准的不断互动和互相完善的关系，体现《现代汉语词典》作为规范型词典的社会意义和应用价值。

关键词　《现代汉语词典》　规范标准　互动

语文辞书在语言文字规范化工作中具有特殊的功能，国家关于语言文字的有关标准需要通过语文辞书在具体条目中予以体现和落实，并借以在广大社会成员中宣传推广普及。《现代汉语词典》作为新中国第一部记录普通话语汇为主的规范性中型词典，是为推广普通话、促进汉语规范化服务的，在字形、词形、注音、释义等方面，都朝着这个方向努力。

一、引言：《现代汉语词典》的编纂出版过程

1956年2月6日，国务院发布关于推广普通话的指示，责成中国科学院语言研究所（现为中国社会科学院语言研究所）在1958年编好以确定词汇规范为目的的中型的现代汉语词典。

语言研究所词典编辑室1956年夏着手收集资料，1958年初开始编写，1959年底完成初稿，1960年印出“试印本”征求意见。经过修改，1965年又印出“试用本”送审稿。1973年，为了更广泛地征求意见、做进一步的修订，并适应广大读者的迫切需要，利用1965年“试用本”送审稿的原纸型印了若干部，内部发行。1973年开始对“试用本”进行修订，至1977年年底完成全部修订工作，1978年正式出版，为第1版。之后做过多次修订，1983年出版第2版，1996年出版修订本（第3版），

2002 年出版增补本(第 4 版),2005 年出版第 5 版,2012 年出版第 6 版,2016 年出版第 7 版。

二、《现代汉语词典》:正确贯彻规范标准

《现代汉语词典》从编纂开始,就承担着遵照执行、宣传推广国家语言文字规范的职责,历次修订都沿袭着这个思想。

(一) 1978 年正式出版前

1957 年,普通话审音委员会开始陆续发布《普通话异读词审音表初稿》;1958 年,第一届全国人民代表大会第五次会议批准《汉语拼音方案》。这两个文件,应属当时语言文字方面的拼音规范标准。《现代汉语词典》在编写过程中,字词读音就同时跟进,遵照《汉语拼音方案》和《审音表初稿》。《现代汉语词典》试印本凡例就说,词典"依据汉语拼音方案的规定,用拼音字母注音;有异读的词,读音取舍根据普通话审音委员会《普通话异读词审音表初稿》的决定"。

1956 年,国务院公布《汉字简化方案》;1964 年,国家印行《简化字总表》。这是当时国家语言文字方面的文字规范标准。1965 年,《现代汉语词典》试用本尽可能执行这个标准,没有条件创造条件遵照规范。词典凡例说明:单字条目和检字表中的字,根据《简化字总表》,使用简化字;多字条目和注解中的字,由于铅字不齐,有许多还是用的旧字形。

(二) 1978 年正式出版后

1985 年,整理过的《普通话异读词审音表》公布;1986 年,整理过的《简化字总表》公布;1988 年,《现代汉语常用字表》《现代汉语通用字表》公布。随着这些语言文字规范的发布,1996 年出版的《现代汉语词典》修订本(即第 3 版)也做了相应的跟进,凡例中交代:对一些异体字和有异读的字,按照国家语委的规定做了一些改动。

2001 年,《第一批异形词整理表》公布。2005 年出版的《现代汉语词典》第 5 版,首先就遇到如何处理异形词的问题,其结果首先是遵照执行整理表,在凡例中说明:

> 区分推荐词形与非推荐词形,在处理上分为两种情况:(1) 已有国家试行标准的,以推荐词形立目并作注解,非推荐词形加括号附列

于推荐词形之后;在同一大字头下的非推荐词形不再出条,不在同一字头下的非推荐词形如果出条,只注明见推荐词形。(2) ……

含糊(含胡)

嘉宾(佳宾)

佳宾见〖嘉宾〗

2009年,《通用规范汉字表》公开征求意见;2012年,《汉语拼音正词法基本规则》修订版公布。前者为即将施行的规范,后者是刚刚修订完善的规范,对语文辞书来说都是应该参照或遵照执行的,2012年出版的《现代汉语词典》第6版就是如此进行修订的。第6版在出版说明中说:依照规范标准审慎确定字形、字音;对字头的简繁、正异关系进行了梳理;参照国家语委《汉语拼音正词法基本规则》修订课题组和《普通话轻声词儿化词规范》课题组的意见,对条目的注音做了修订。

三、《现代汉语词典》:积极引导规范标准

语言生活是丰富多彩的,也是不断变化的。陈原先生(1999)说,“社会在变动,语言也在变动,语言中最敏感的部分——语汇更是时刻在变动着。凡是活的语言,即有生命力的语言,每时每刻随着社会生活的变化而引起变异”。词典在这个时候,应该要记录语言生活,反映语言生活的变化,因此在一定程度上需要超越规范,引导完善规范。《现代汉语词典》在这方面已经得到学界和社会大众的广泛认可。《现代汉语词典》编写细则写明:本词典的任务是为推广普通话、促进现代汉语规范化服务。这个方针必须贯彻整个编写工作的各个方面,不容忽视。具体说来有以下各点:

(A) 选录语汇应以普通语汇为主体。一切使用范围有限制的语汇是次要的,应该酌量选收,以供参考,但是绝不能泛滥无归。……

(B) 在字形、词形上,本词典应该起规范作用。……

(C) 注音根据普通话审音委员会的决定。……

(D) 释义要力求明确、周密,力避含混、疏漏。……释义的行文要合乎规范化语言的标准,不要让读者“以子之矛攻子之盾”。……

(E) 举例要注意思想内容,语言生动活泼,并且多样化。……

以上各条,充分体现了《现代汉语词典》编纂之初就有在汉语形、音、义等各方面起着引导和规范社会大众语言生活的职责,尤其是新中国成立之初语言文字各类规范标准比较缺失的情况下,这种责任更为明显。下面介绍几则《现代汉语词典》对有关规范研究和修订的引导作用的案例。

(一) 关于汉语拼音“分词连写”的问题

1958 年《汉语拼音方案》公布,解决了单个汉字的注音问题,但怎么样拼写词语,国家并未及时出台相关的规范标准。《现代汉语词典》在这方面就起了先导作用。

早在 1960 年《现代汉语词典》试印本编纂时就提出:多音节词以连写为原则,结合较松的加短横;词组、成语按词分写。后来,1965 年试用本、1978 年第 1 版、1983 年第 2 版都沿袭下来,强调分词连写。在这个基础上,多年来形成了比较大的共识。政府相关部门组织专家研制词语拼写的规范,最终在 1996 年发布《汉语拼音正词法基本规则》,2012 年又发布修订版。

《汉语拼音正词法基本规则》修订版出来之后,《现代汉语词典》第 6 版修订出版时配合基本规则,在成语拼写上做了比较大的调整,将原来基本上按照文言词的分词连写,调整为按照正词法要求,能够分成两节的中间加个短杠,不能分成两节的就全连写。从这个意义上说,《现代汉语词典》又执行了这个国家规范标准。

(二) 关于异形词的问题

汉语异形词,在 2000 年之前没有相应的国家规范,大家在使用时基本是依照《现代汉语词典》的推荐词形。《现代汉语词典》称异形词为“不同写法的多字条目”,这样的条目在《现代汉语词典》有 1 000 余组。《现代汉语词典》在试用本、第 1 版、第 2 版中,采用以下三种处理方式:

(a) 异体加括号附列在正体之后,如【仿佛】(彷彿)。

(b) 几个写法并列(一般用得较广的写法列在前面),如【鱼具】【渔具】。

(c) 注解后加“也作某”,如【缘故】……也作原故,【原原本本】……“原”也作源或元。

在第 3 版、第 4 版中,只保留了上述第(c)种方式。

所以,在相关规范出台之前,《现代汉语词典》起到了引导异形词词汇规范使用的作用。2001 年,国家语委公布了《第一批异形词整理表》,其中包括 338 组异形词。《现代汉语词典》此后修订出版的第 5 版、第 6 版、第 7 版,就采用以下处理方式:

(1) 表内异形词,加括号附列在正词形后,如【仿佛】(彷彿)。

(2) 表外异形词,注解后加"也作某",如【辞藻】……也作词藻。

第(1)种属于《第一批异形词整理表》338 组中的异形词,基本遵照执行,采用了更加刚性的处理方式。338 组里头,有三组"标志—标识""分子—份子""红通通—红彤彤",编者不太认可该表中的处理,没有遵照执行。

第(2)种属于表外的未经整理的异形词,约 700 组,《现代汉语词典》仍然沿袭原来的处理方式,采取"也作某"的形式,有主副条之分,主条建议使用,副条不建议使用,只是备查。但这个要求不是刚性的。这样处理,为后面做异形词整理表的修订,或者做第二批异形词整理表提供了一个实践,也可以说是做了理论的铺垫或者引导。如:

辩白 也作辨白。

灯芯草 也作灯心草。

发怵 也作发憷。

宿敌 也作夙敌。

(三) 关于个别词语的读音问题

1985 年《普通话异读词审音表》公布,《现代汉语词典》基本遵照执行,但会依据语言生活实际情况对个别词语采取特殊处理方式。

如"荫"字,在《审音表》中统读为去声(yìn),要求"树～""林～道"应作"树阴""林阴道",但实际语言生活并不是这样,形成书面语很难落实,不少学者也撰文讨论此事。《现代汉语词典》尊重语言事实,保留"荫"的阴平(yīn),并且立"树荫、林荫道"为主条,"树阴、林阴道"为副条:

树荫 树木枝叶在日光下所形成的阴影。也作树阴。

树阴 同"树荫"。

林荫道 两旁有茂密树木的道路(一般比较宽)。也作林阴道。

林阴道 同"林荫道"。

又如"的士"中"的",依照现在的语音规范,只有阳平(dí),没有阴平(dī)。《现代汉语词典》第3版、第4版都放在阳平音下;第5版仍注为阳平,但做了提示:"'的'在口语中一般读阴平(dī)";从第6版开始,给"的"字增加了一个阴平的读音,将"的士、的哥、的姐"几个词语都放在阴平音项下面。这既符合语言事实,满足了大众的语言使用,也是先在辞书中试行,为未来的审音做铺垫性的工作。

再如"拜拜",《现代汉语词典》第5版开始收录,但是拼音为bàibài,因为"拜"字只有去声(bài);从第6版开始,《现代汉语词典》给"拜"增加了一个译音用的阳平音(bái),"拜拜"拼写为báibái。这也为未来的语言文字规范标准做了一些先导性的工作。

所以,我们说《现代汉语词典》和国家语言规范是一个互融、互通、互推、互促的关系。在国家语言规范方面,《现代汉语词典》是一个研究基础,是一个试验田,是国家规范的执行者、传播者;在国家语言规范不宜硬性规定、不容易出台的时候,《现代汉语词典》在一定程度上能够起到规范标准的引导作用,为研制或修订做一些基础性的工作。

参考文献

1. 陈原. 辞书与语言规范化问题. 辞书研究,1999(2).
2. 中国社会科学院语言研究所词典编辑室编. 现代汉语词典(第1—7版). 北京:商务印书馆,1978,1983,1996,2002,2005,2012,2016.

语言文字规范标准与产品认证

王晓明

教育部语言文字应用研究所

摘　要　认证可以保障认证对象符合标准和技术规范的要求,从而解决供需双方的信息不对称问题,它与规范标准密不可分。文章从认证的作用及其必要性、产品认证与规范标准的关系、语言文字产品认证存在的问题三个方面对语言文字产品认证进行阐释,并从认证角度揭示出信息时代对语言文字规范标准的客观需求。

关键词　语言文字　产品认证　规范标准

一、引　　言

人类社会的质量活动可以追溯到远古时代。随着社会生产力的发展和商品交换的兴起,使得质量活动的重要性日渐凸显。18 世纪的工业革命使得这种质量活动发生了质的变化,早期的产品认证和质量管理伴随而生。所以说,产品认证是工业革命的产物。

19 世纪中后期,随着西方工业革命的发展,一些国家为了保护人身安全,规定某些产品必须通过检测以确认其符合政府的规定要求,这就是认证制度的雏形。现代最早的认证活动可以追溯到 20 世纪初。1903 年,英国创造出世界上第一个用于符合标准的认证标志,即有名的“BS”标志或称“风筝标志”,并一直使用至今。经过 100 多年的发展历程,产品认证已从自发的、局部的需求,转变成国家、地区的自觉活动。

语言文字产品认证是从汉字字库开始的。20 世纪 90 年代初,美国微软公司推出了视窗系统,从 Windows95 开始,用户通过简单的拷贝方式就可以轻易地将字库外挂到计算机系统上,这使得字库厂商看到了商机。但许多用户,包括微软公司都把产品通过认证作为购买的前提,为了争夺市场,字库厂商纷纷寻求权威部门对其字库产品进行认证,国家语言文字工作委员会语言文字规范标准测查认证中心应需设立。

随着信息技术的发展，涉及语言文字规范标准的产品层出不穷，需要认证的产品类型越来越多。目前，已经开展的认证项目涉及曲线字库、点阵字库、检字法、汉字输入系统、汉语辞书、教学软件等；涉及的语言文字规范标准，包括字、词、字形、字音、部首、笔顺、笔画、部件等多个类别。

二、认证的作用及其必要性

"认证"一词的英文原意是一种出具证明文件的行动。国际标准 ISO/IEC 17000：2004 中对"认证"的定义是："与产品、过程、体系或人员有关的第三方证明。"通俗一点的解释就是，对第一方生产的产品，第二方如果无法判定其品质是否合格，就由第三方来判定。第三方既要对第一方负责，又要对第二方负责，出具的证明要获得双方的信任，这样的活动就叫做"认证"。通常将产品的供方或卖方称作"第一方"，如字库、输入系统、教学软件、辞书等的所有者，将产品的需方或买方称为"第二方"，如字库、教学软件、输入系统、辞书等的购买者。

从上述认证的定义不难看出，认证是第三方所从事的活动，是为供、需双方服务的。这个第三方就是认证机构，它与第一方、第二方在行政上无隶属关系，在经济上无利害关系，它对认证过程中的每一项活动都有明确的要求和严格的规定，确保了认证的独立性、公正性与科学性。

由于认证是由认证机构，通过严格的检验和检查，为产品符合要求出具权威证书的一种公正、科学的质量制度，符合市场经济法则，能给供、需双方都带来直接的经济效益，所以很快就被社会所接受。在市场经济高度发展的今天，产品认证的作用和必要性更是日渐增强。具体体现在以下几个方面。

（一）指导需方择优选购如意的产品

随着科技的不断进步，产品的结构越来越复杂，技术迭代更新速度加快，仅靠需方的有限知识和条件，很难判断产品是否符合要求。获得认证证书是合格产品的重要标志，当供方的产品附带认证证书，需方就可以确认其为合格产品，从而放心地从认证产品中择优选购。在国际市场上，产品认证已普遍成为需方选择商品和合格供应商的重要依据。

（二）增强供方产品的市场认可度

在市场经济高度发展的今天，消费者在购买商品时，除了价格因素，质量也是重要的考量指标。质量在经济活动中发挥着越来越重要的作用，成为企业在激烈的市场竞争中获胜之利器。有了质量信誉就会赢得用户的认可，也就意味着市场占有率的提升，从而获得更大效益。

认证是质量和信誉的保证。随着市场经济的发展和竞争的日趋激烈，产品通过认证逐渐成为市场竞争的重要筹码，同类产品中，如果没有通过认证的产品，在竞争中就会处于劣势。许多企业迫于用户和同类产品的压力，纷纷寻求认证机构对其产品进行认证，如此一来，市场上便会出现认证产品与非认证产品这样一道无形界限，凡属认证产品，都会在质量信誉上获得竞争优势。

（三）节省需方审核的精力和费用

在产品交易过程中，需方审核是一种惯例，但随着产品结构复杂程度的提高和交易频繁度的提升，这种验收模式的弊端也逐渐显露出来。第一，一个供方通常要为许多需方供货，重复的需方审核无疑会给供方带来沉重的负担；第二，需方不但要为产品审核支付相当的费用，同时还要考虑审核人员的经验和水平，否则，支付了费用也达不到预期目的。

认证具有严格、公正、权威的特性，如果供方申请了第三方的认证并获得了认证证书，众多需方就不必再对供方的产品进行审核。这样，不但省去了不少烦琐的手续，也节省了很多精力和费用，对供、需双方都是宜事。

（四）产品进入市场的通行证

为了促进市场的规范化，某些特定产品的认证已成为许多国家市场准入和政府采购的必要条件，并被纳入法律、法规之中。如，我国的中小学教材，教育部规定：只有审定通过的教科书才能被编入《全国中小学教学用书目录》作为被选；再如，软件产品，工业和信息化部规定：只有登记备案的软件产品才能享受规定的有关鼓励政策，但软件产品登记备案需要提供“软件检测机构出具的检测证明材料”。

在市场经济的大背景下，产品符合政府的规定要求显得越来越重要，企业获得认证标志是通向市场的钥匙。趋势表明：没有通过认证的产品在政府招标、采购活动中是非常不利的。同时，许多用户也把产品通过认证作为购买产品的前提，如购买微软公司产品的用户。

（五）有效避免产品责任

我国的《产品质量法》第41条规定，生产者能够证明其产品在投入流通时，引起损害的缺陷尚不存在，可以不承担赔偿责任。产品通过认证就是很有力的证明。

近些年来，消费者对产品品质的投诉越来越频繁，原因也越来越复杂，因此，供方面临的责任风险也在不断加大。如果产品通过认证，就可以有效地避免产品责任。如，2016年6月13日，《中国青年报》以"教师因语文教材存'瑕疵'打10年官司从未胜诉"为标题，报道了彭帮怀以江苏凤凰教育出版社小学语文教材存在产品缺陷为名将出版社告上法庭的案件始末，其败诉的原因是"无证据证明教材有问题"。节选报道原文如下：

> 法庭上，作为被告之一的江苏凤凰教育出版社代理律师答辩称，该套语文教科书系教育部基础教育教材审定工作办公室审定的教材，是合法出版物。彭帮怀称教科书存在产品缺陷是个人意见，未经有关部门认定。并且，彭帮怀现有证据不足，不足以证明教科书内容违法或质量不符合行业标准，因此，教科书并无产品缺陷。

三、产品认证与规范标准的关系

认证的本质是通过具有独立性、专业性、公正性的第三方机构所进行的符合性评定和公示性证明活动，保障认证对象符合标准和技术规范的要求，解决交易双方的信息不对称问题，并以此建立需求方对认证对象的信任。（马纯良，邓于仁 2009）这段话深刻地揭示了认证的本质，认证是质量和信用的保证形式，它与规范标准密不可分。

（一）规范标准是产品认证的基础和依据

认证的基础和依据是"规定的要求"，这个"规定的要求"指的就是国家或行业的规范标准。这一点，从认证的内涵和产品认证活动的实质就可以看出。产品认证活动的实质就是：由独立的第三方机构证实某一产品或服务符合特定标准或其他技术规范的活动。《现代汉语词典》第6版对"认证"一词的解释则更为明晰：证明产品、技术成果等达到某种质量标准的合格评定。

（二）产品认证可以促进规范标准的实施

任何规范标准的出台，都是源于社会现象的混乱。然而，如果规范、标准在实施过程中得不到有效的监管，是达不到消除混乱现象的目的的，也就发挥不了其应有的作用。

目前，市场上对规范标准的施行存在着贯彻不够好、不采用，或者采用不当等一系列问题，如不及时纠正，必然会带来应用上的混乱，造成损失。

市场必须经过管理才能有序，进而逐步步入规范化的轨道。产品认证是为产品符合特定标准和其他规范性文件提供保证的一种活动，是实施市场监管、促进市场规范化的有效手段。产品认证在提升产品自身信誉和市场占有率的同时，无形中对规范标准的普及实施起到了很大的促进作用。

（三）产品认证可以推动规范标准的研制

规范标准的价值在于执行与实施，透过产品认证即可以检验已有规范标准的适用性，也可以检验规范标准体系的完整性和满足度。如果规范标准存在缺陷或偏离实际就需要着手修订，如果规范标准种类缺失就需要及时补充。通过产品认证地不断反馈，可以使制定的规范标准更科学、更适用，从而更好地满足现实社会的客观需求。从这个意义上讲，产品认证对规范标准的研制具有积极的推动作用。

四、语言文字产品认证存在的问题

（一）标准的缺失

产品认证是指依据产品标准和相应技术要求，经认证机构确认并通过颁发认证证书和认证标志来证明某一产品符合相应标准和相应技术要求的活动。语言文字规范标准是语言文字产品认证的依据和基础，从认证的角度来看，现有的规范标准尚显不够。

“不够”是就数量而言。现有的规范标准仍不能满足语言文字规范化需要，语言文字应用的很多方面尚无标准可依。（富丽 2007）如语音方面，虽然有《汉语拼音方案》和《普通话异读词审音表》等规范，但尚没有常用字、通用字的读音规范，轻声、儿化等重要语言现象的规范问题也没有解决。字形方面，首先是字体标准的缺失，作为字形规范的《通用规范汉字表》（教育部，国家语言文字工作委员会，2013）是以宋体呈现的，其他三种主用字体：仿宋、黑体、楷体没有字形规范；其次是字种数量的缺失，字形规范仅有《通用规范汉字表》中的 8 105 个汉字，然而，信息处理用的国际编码字符集已编码的汉字达 8 万之多，作为强制性国家标准的编码字符集要求计算机系统必须要能处理其中的 27 484 个汉字，而且相应地，作为显示、输出的字库也必须包含这些汉字，且是宋、仿、黑、楷四种字体。这就意味着，目前通行的计算机字库中，至少有一万多个汉字是没有字形规范的。

（二）标准的可操作性不强

目前，语言文字规范标准整体呈现为：多数规范的立足点是人，面向机器的规范不多，规则不明确，可操作性不强。主要表现为：1. 以有限例子说明规则，如，《普通话异读词审音表》（国家语言文字工作委员会，国家教育委员会，1985）中举了“场”字的三种读音：① chǎng 场合　场所……② cháng 外场　场院……　③ chang 排场；2. 使用“基本上”“原则上”“一般情况下……”之类界限模糊不清的表述方式，如，《汉语拼音正词法基本规则》（教育部，2012）中规定“拼写普通话基本上以词为书写单位”；3. 允许变通情况存在，如，《少数民族语地名汉语拼音字母音译转写法》（国家测绘总局，中国文字改革委员会，1976）关于特殊地名的处理办法中有一条规定是这样的：“……可以斟酌具体情况，有的……有的……”；4. 使用没有明确定义的或边界模糊的概念，如，“词”“结合紧密的”；5. 条件本身带有较强的主观性，如，《标点符号用法》（教育部，2012）规定“反问句的末尾”用问号，“语气强烈的反问句末尾”用叹号；（富丽 2007）6. 没有显性规则，采取一一列举的方式，如，《通用规范汉字表》（国务院，2013）隐含的字形规范。

（三）检测手段的信息化程度不高

随着信息技术、网络技术的飞速发展，网络/数字出版、电子字/词典、网络/数字化教学、电子书包等快速兴起，使得语言文字产品的信息化程度越来越高。相对而言，检试手段的信息化程度有些过低。

计算机字库、教材、出版物、影视传媒是语言文字的应用主体。据了解，相关部门对这些产品的检测，仅有很少部分是采用半自动化检测方式，大部分仍然采用纯人工检测方式。比如教材，在《全国中小学教材审定委员会工作章程》中就明确规定:“报送材料为纸本,先由审查委员和审定委员于审查会议前进行个人审阅,在个人审阅的基础上,召开审查会议。”这说明,教材的审核采取的是纯人工的审查方式。再比如出版物,质量监测分日常监测和抽测,无论哪种方式都是针对纸本,涉及语言文字本体的审查,主要是由专家做人工审核。

近年来,国家语言文字工作委员会语言文字规范标准测查认证中心一直在探索语言文字产品的机测可行性。目前,“语言文字规范标准符合性测查认证系统”一期已研发完成,在方式上,以开发元数据检测系统为主,并采取机器自动检测和人工检测相结合。该系统可以对用字、单字—词语—拼音读物的标音、部首及归部、笔顺和笔画数等方面进行自动检测。鉴于语言文字的特殊性和应用形式的不确定性,检测结果仍需人工复审。

检测手段信息化程度不高源于检测对象的复杂性,语言文字规范标准认证的检测对象是产品中的语言文字,而不单单是语言文字产品。同时,一些规范标准可形式化程度低也是导致检测手段信息化程度不高的重要因素。

(四)了解不够,认识不足

“了解不够”主要是指规范标准方面。如,国家标准 GB 130000—2010,标准的名称为《信息技术通用多八位编码字符集(UCS)》,名称已经明确其为“编码字符集”,是编码标准,但经常被当作字形标准;再如,GF 3001—1997《信息处理用 GB 13000.1 字符集汉字部件规范》,这个规范确定这些末级部件主要是为了规范形码输入法的编码方案,避免对汉字字形进行任意分割,破坏汉字结构理据,然而却常被使用者误认为必须要将汉字拆分到如此层次。这是深层次的“了解不够”,浅层次的是根本不知道规范标准的存在。规范标准的宣贯工作任重道远。

“认识不足”主要是指产品认证方面。产品认证是确保产品质量、安全、可用性的国际通用做法。在我国,产品认证分强制性和自愿性两类。强制性产品认证的对象主要是涉及人身安全性的产品,如电器、药品等。语言文字产品显然不属于强制性产品认证范围,于是被认为没有认证的必要。表面上看,未取得认证的产品,仍然可以销售、进口和使用,但会受到市场方面的制约,如质量不被认可、缺乏竞争力或不符合招投标条件,等等。很多制约是隐性的或滞后的,影响一旦产生,再想弥补则为时已晚。目前,由于对产品认证缺乏足够的认识,表现为认证内动力匮乏,主动认证的意识不强。

五、几点建议

国际标准 ISO/IEC 指南 2(国家标准 GB/T 20000.1—2014)将“标准”定义为:通过标准化活动,按照规定的程序经协商一致制定,为各种活动或其结果提供规则、指南或特性,供共同使用和重复使用的文件;将“规范”定义为:规定产品、过程或服务应满足的技术要求的文件。可见,制定规范标准的目的是要“获得最佳秩序”和“促进最佳的共同利益”。

我国已经从工业化时代进入到信息化时代,计算机成为传播信息的主要工具,作为信息载体的语言文字步入了计算机时代,开启了新的旅程,被广泛运用于信息产品之中、遍布于网络世界。同时,对语言文字规范标准也提出了新要求。

(一)语言文字规范标准应与计算机用字相得益彰

信息时代,社会用字普遍受制于计算机。在这种情况下,为了确保语言生活的和谐有序,提升信息传递的信度,语言文字规范标准的研制应更加关注计算机运用语言文字的客观现实,避免《通用规范汉字表》实现上的尴尬局面。

众所周知,《通用规范汉字表》收录汉字 8 105 个,信息交换用国家编码字符集标准 GB 18030—2005 强制要求计算机系统必须能处理 27 484 个汉字。即便如此,由于二者在收字方面的不匹配,《通用规范汉字表》中有近 200 个汉字不在 GB 18030—2005 强制的 27 484 个汉字范围内,导致这部分汉字至今仍无法在普通计算机上便捷地运用。此外,现有的汉字形、音等属性标准尚不能覆盖 GB 18030—2005 的 27 484 个汉字,其中大多数汉字的属性无标准可依,长此以往,必将带来新的混乱现象。

(二)完善语言文字规范标准体系建设

语言文字是信息的载体,是人们交流思想、协调社会生产和社会生活的重要工具。我国地域辽阔、人口众多、方言纷繁,语言文字要发挥其交际职能,就必须保持高度的统一性,这种统一性,就是严格的规范。科学的规范标准在减少人们用字负担的同时,还可提高信息传递的信度。然而,市场必须经过管理才能有序,进而逐步步入规范的轨道。产品认证是实施市场监管,促进市场规范化的重要手段。作为产品认证基础的规范标准,其完备与否直接影响着产品认证范围的广度,从而决定市场监管范围的全面与否。

(三)提升语言文字规范标准的可操作性

规范标准的价值在于落实,供大家共同遵守,其自身的可操作性对其价值的发挥起至关重要的作用。可操作性主要体现在规则性强,表述用语概念明确、边界清晰,理想的规范标准,其条目应该能够全部转化为机器可识别的规则。

信息化时代,语言文字规范标准的适用对象,除了自然人还有机器,而且,识读主体越来越多地以机读为主,因此,对语言文字规范标准的可操作性要求尤为凸显。

信息化时代的语言文字规范标准应更加注重符合信息处理特性,充分考虑机器的可识读性,有针对性地适时提供规则条目清晰、表述概念明确的规范标准,既便于机器识读,满足信息领域所需,也便于人去执行,从而促进社会语言生活的和谐发展。

语言文字个性化的东西固然很多,规律性确实没有自然科学那么强。但在科技高度发达的今天,尤其是人工智能和大数据技术快速发展的今天,很多事情不再是“能不能”的问题,而是“想不想”的问题。

在规范标准研制过程中,要更加注重其规则性的提炼,不然人也很难去执行。所以,还是要尽可能地把规则提炼出来,规则可能会很多,但没关系,尤其对计算机而言,“多少”对它不是问题,“有无”对其影响巨大。

(四)立标应以适用性为原则

标准的价值在于实施。语言文字规范标准面向本体、面向教学设立没有问题,但更应该面向大众这个应用主体,如此才能充分发挥其作用。在信息化高度发达的时代,信息化产品如雨后春笋般涌现,开发者中的大多数人都不是专业的语言文字工作者,而是普通的语言文字规范标准运用者,因此,标准的设立应充分考虑其实用性,以能否明确指示出“做什么产品应执行什么标准”为原则,要有整体性、完整性方面的考虑。

以语音方面的标准为例,目前有《汉语拼音方案》、《普通话异读词审音表》、《汉语拼音正词法基本规则》(GB/T 16159—2012)、《中国人名汉语拼音字母拼写规则》(GB/T 28039—2011)、《中国地名汉语拼音字母拼写规则(汉语地名部分)》、《中文书刊名称汉语拼音拼写法》(GB 3259—

1992)、《汉语拼音字母名称读音对照表》，等等，数量不少，但贯彻实施很难。一方面，单单一个语音问题就要让普通使用者涉略如此多的规范标准是有相当难度的；另一方面，《通用规范汉字表》中最基础的 3 500 个常用字至今仍无语音规范，判定产品中的语音规范与否，这无论对开发者还是检测者来说都是无章可循的，这个“章”指的是国家规范标准。

参考文献

1. 范晶晶. 当今国际市场产品认证制度显示问题及解决路径探析. 甘肃社会科学，2014(3).
2. 富丽. 语言文字规范标准的制定应考虑可操作性. //中国应用语言学会编. 第四届全国语言文字应用学术研讨会论文集. 成都：四川大学出版社，2007.
3. 黄涛. 中国产品认证制度的发展和现状. 电世界，2003(3).
4. 赖少军. 适应市场经济发展加强认证认可工作. 中国市场，2014(30).
5. 马纯良，邓于仁. 领导干部质量安全知识读本. 北京：中国计量出版社，2009.
6. 张丽生. 质量认证概述. 中国饲料，2001(7).

面向语言智能的语言资源标准化*

饶高琪　　王诚文
北京语言大学汉语国际教育研究院　中央财经大学国际学院

摘　要　语言具有资源属性。随着语言智能为代表的语言服务产业快速发展,语言资源建设规模急剧扩大,交换日益频繁,因而需要进行信息化、规范化和标准化。文章论述了语言的资源属性和交换属性的来源,并基于此提出语言资源的标准化的目标是服务语言资源交换。基于语言资源交换的目标,语言资源在建设阶段、交换阶段均应进行多方面的标准化建设。其中元数据标准、数据交换标准和性能评测标准是三类重要的建设对象。

关键词　语言资源　语言标准　语言智能　大数据　语料库　数据挖掘

一、引　言

语言作为一种重要的社会文化资源,在智能化革命的背景下展现出了其重要的产业价值与经济价值。可以说语言资源是语言智能技术和产业发展的基础元素,而后者又成为了推进语言资源建设、交换、应用的关键动力。两者的关系犹如近代工业与化石燃料资源。这样的态势也推进了语言资源的交换与传播大大加速,并逐步形成了语言资源的市场。诚如工业化和信息化对所有资源的要求,语言资源也需要标准化,以适应快速扩大的市场需求。

新时期语言文字工作的重点可以表述为信息化、规范化和标准化。这“三化”也同样适用于语言资源的建设和发展。信息化是语言智能对语言资源的必然要求,而规范化与标准化则是语言资源面向自身建设和面

* 本文原载《语言规划学研究》第十三辑(社科文献出版社,2023),本书收录时略做改动。

向市场交换所必须具备的特质。本文着重分析和论述语言资源标准化的必要性和发展路径。

二、语言资源的层次性与可交换性

(一) 语言资源性的不同层次

语言是一种资源的观念在半个世纪以前就已出现(Fishman 1973),并得到初步实践。[1]但是在把语言视作问题、视作权利、视作资源三种语言规划观念(Ruzi 1984)的竞争中,后者在20世纪后半叶并不占优势。语言资源观念于20世纪80年代在我国出现。(邱志朴 1981)但我国真正把语言视作资源,并在语言规划和语言政策中加以体现还是本世纪的事情。(陈章太 2008)

语言能够成为资源有赖于两个条件:其具有有用性,其有用性被认识。(李宇明 2019)语言资源的有用性根植于其基本功能。语言是人类最重要的思维工具,是人类认识外部世界的认知基础。语言也是人类最重要的交际工具,是人类形成庞大高效社会协作的基础。并且语言在人类社会活动的过程中成为了社会文化的最重要载体,以至于被视作群体的文化图腾。诚然功能决定了其有用性的特质和方面,却并不是语言具有有用性的充要条件。思维工具、交际工具和社会文化载体的功能只有在生产力发展到一定水平时才逐步体现出来,或者是因其可开发利用而被认识,即语言成为资源的第二个条件。在此之前语言只能说是一种"潜在资源"。

在20世纪末到21世纪初,语言作为资源的有用性快速得到认识。其推动力主要有二:第一,信息化革命的进一步深入,语言智能技术快速兴起,为作为交际工具的语言提供了应用出口,也提出了应用需求。潜在的语言资源被转变为可用的显式的信息资源。第二,后现代思潮的兴起。人们解决了基本的生活生产需求之后,精神文化生活逐步旺盛,开始探求承载认同功能的标的物,因而开始重视语言多样性中蕴含的文化,开始将作为社会文化载体的语言当做区域、群体的文化资源来加以利用。

另一方面,语言的资源性质和存在形态与我们如何看待语言,如何规划和使用语言的功能之间具有非常大的关系。如果把语言视作一个符号系统，那语言资源就表现为符号集合、符号规则和它们的使用用例。语言资源的有用性体现在交际通信上，进而是当前弱人工智能的应用场景中（目前的语言智能也属于弱人工智能）。如果我们把语言视作最重要而基础的人类交际行为，那么语言资源就表现为行为人在语言过程中的行为数据、行为结果等。社交网络是这种资源的一种表现形式。如果我们把语言视作文化和认同的载体，那么这个语言资源有文学、艺术、宣传等，语言模因亦是其中一类。如果我们把语言视作人类最重要的思维活动，则语言资源可能对心理、精神疾病的治疗，提高认知能力有所作用，但显然我们当前的研究手段和方法还存在明显不足，尚无法将其有效地资源化。

目前利用最直接、需求最大的是承担文化与认同功能的语言资源和承担信息交际功能语言资源。后者的发展尤其迅速。

（二）语言资源具有交换需求

语言资源的交换需求可分为外部和内部。外部是不同的语言资源之间，语言资源的开发和应用等其他环节之间的交换。内部则是语言资源的研究、语言资源的建设过程中需要进行交换。

在内部，由于语言系统高度复杂，所有对语言的认识侧面都具有无法回避的局限性。不同的研究阶段的认识程度有深有浅，只有交换组合才有助于认识全貌。因而从内部来讲语言资源需要进行交换。比如对于特定的语言单元，对词的研究不能不关照字和句；对共时现象的研究不能不关照历时数据；对单语的研究现在往往都还需要参照多语的数据和资料。

在外部，语言资源的形态多种多样，语言资源的开发应用方式也不尽相同。没有任何使用方天然占有所有所需的语言资源，因而对语言资源提出了交换，乃至交易的需求。如同石油、天然气、生物等自然资源具有交换性和市场，随着语言相关产业的发展，语言资源的研究、探勘和开发也逐步走向专门化，并因此使语言资源具有了交换性。

从语言资源的规模上看，随着语言智能技术的飞速发展，数据稀疏成为了制约语言智能应用性能提升的重要瓶颈。以机器翻译为例，现在的主流机器翻译模型所需的平行语料规模均在千万句对以上。而机器翻译技术的历史发展表明，在相同技术框架下，语料规模的指数级增长只能带来性能的线性增长，甚至是反指数增长。平行语料规模翻一倍，性能提高一个点或者半个百分点，在现在就是一种常态。

另一方面，语言信息处理的各种任务，大多数是面向领域的，而现实生活生产中的领域数量是开放的，也就意味着面向领域的语言资源总处于缺乏中。目前大多数语言智能技术评测都以通用语料、新闻语料为主，而面向领域的自然语言处理才是语言智能技术落地的关键。（荀恩东2020）在通用数据集上表现良好的算法、模型，在具体领域场景落地中面临巨大的性能跌落，其原因也在于领域语言资源的匮乏。这给领域语言资源提出了巨大的交换需求。而这种需求是目前语言智能市场上最常见的一类。

（三）语言资源具有交换性

本文主要探讨面向语言智能的自然语言资源，其表现形式主要是语言数据。语言数据具有交换的可能，即交换性。

自然语言虽然高度复杂但也呈现高度的系统性、规律性和层次性。字、词、语、句、篇章都有非常清晰的层次和接口，语音、句法、语义、语用他们都各自有自己比较明确的内涵和数据表现形式。在这种情况下，语言资源的交换就体现为语言数据的交换，遵循信息技术中数据交换的一般准则。

更重要的是，语言资源之所以可以被交换，是因为其被交换后是可以被利用的，而且这种价值是可以保存或增加的。作为符号性的语言资源是可以被以具体的语言数据的形式记录的，而且这个记录是拥有明确成熟的载体与接口的。

（四）语言资源已经形成市场

由于市场和技术发展的刺激，语言资源的交换行为快速增加。目前，语言资源的生产和交换已经形成了市场，并且增长迅速。目前语言数据生产商常常也兼有交易商的身份。近年来现出了很多学术性较强、非营利目标的语言资源交易机构，像语言资源联盟、ELRA、LDC、CLDC以及国家语言文字工作委员会系统的语言资源网等。此外还涌现出了一大批像数据堂、小牛思拓、思必驰、星尘、龙猫、奥鹏、中业等专注语言数据采集、加工、交易的数据厂商，这些都标志着语言资源交换市场已经形成。

2015—2018年，我国数据标注与审核行业市场规模保持高速增长态势，2018年达到52.55亿元，同比增长74%。（智研咨询 2019）2015年以来，我国人工智能行业尚处在启动期，预计在之后的几年里，伴随国家人工智能战略被更多企业认同,更多资金和资源的投入,以及各项技术的实际应用落地,我国数据标注与审核行业将延续高速增长态势。

就语言数据而言,全世界现在有七千多种语言,能够提供平行语料的已经超过一百种。在全球大量的数据厂商及其下属的数据标注作坊,是这种语言资源的建设主力。有人将它们比喻为人工智能时代的富士康。出于人力成本的考虑,这些厂商的数据标注生产线一般设在贵州、山西、山东、河北、安徽、河南等地。标注工人每天工作 8 到 12 个小时,按照标注量和精确率来计价收费。对于地方政府而言,数据标注产业门槛低、投资少、无污染、见效快、创造就业多、增长潜力大,是提振地方经济、实施精准扶贫的良好产业选择。2019 年 7 月山西省政府发布《山西省人民政府关于加快我省数据标注产业发展的实施意见》,强调要推动数据标注产业全领域应用,预计山西省将在 2025 年之前形成全省每年 50 亿元人民币数据标注产值。

三、语言资源的标准化

(一) 语言资源需要信息化、规范化、标准化

新时期语言文字工作的重点可以表述为信息化、规范化和标准化。这"三化"也同样适用于语言资源的建设和发展。信息化是智能技术发展对语言资源的必然要求,而规范化与标准化则是语言资源面向自身建设和面向市场交换所必须具备的特质。

信息化指向语言资源的承载方式。资源承载方式要实现数字化,为数字时代所用,包括图像数字化、语音数字化、粗文本的深加工。在大数据时代,数据丰富,但是深加工的可用信息十分有限。信息化的流程大体可以分为两步: 实现数据的机器可读,并按照智能应用的目标进行逐层次的标注。

语言资源的开发和利用需要健康有序地发展,因而规范化是十分必要的。规范化主要是监督人对语言资源的使用。语言资源使用和建设首先要合法合规,然后要注重伦理性,注重公益和社会福祉。目前,我国在国家语言文字工作委员会的支持下已经开展了这方面的实践,比如像绿皮书作为一个软性规范的发布平台,发布机器系统的语言文字的评测规范,语料库系统的评测规范。在规范性和伦理性方面,如语言智能外语教

育协同发展宣言、促进智能写作健康发展宣言等。这些规范化的举措能督促产业界和学术界合理审视语言资源及其产品。

标准化的工作对象则主要是机器或人机交互、机机交互的过程。对于文本数据，在字符级需要字符编码（如 GB18030、GB13000、GBK 等编码标准），在词汇级需要分词标准（如 GB/T13715 中文分词标准、GB/T36452 藏文分词标准等），在句子级需要各种句法分析和语义分析标准等。此外，在语言资源的交换中需要双方接口协议可以兼容，在使用中需要遵守共同的标准方式，也是标准化的重要体现。

（二）语言资源建设中的标准化

语言资源建设中的标准化体现为各环节各步骤之间应有协调统一的接口、格式与建设规格。作为语言智能体系的基础，面向语言智能技术应用的语言资源建设也可以借鉴软件工程的流程和理念，（厉小军等 2013；Eric Freeman 等 2007）通过规划、需求分析，设计，具体地进行建设和开发，并根据实际情况反馈和修改计划、设计和需求分析。随后进入测试、建设（编码）、再（根据新需求进行）设计的维护循环，形成一个闭环。详见图 1 所示：

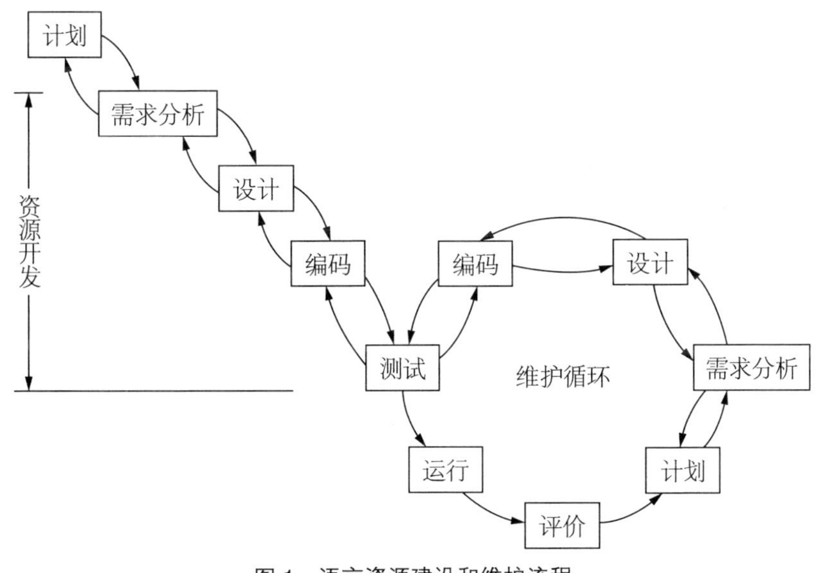

图 1　语言资源建设和维护流程

语言资源的建设首先在计划和需求阶段就应当设计注重可扩展性的元数据标准，并依照将来语言资源间交互的需求，尽量在可广泛使用的元数据框架下,设计本资源的元数据标准。在所有的步骤之间,应事先设计彼此数据交互的标准化,包含符号的标准化、数据格式的标准化等。

在语言资源建设的流程中,特别需要注意测试和评价的环节。资源建设需要在此根据资源服务的任务目标来设计紧密贴合其要求的形式化可计算的性能考核指标。如服务中文分词任务的分词语料,在评价和测试中应注意分词标准的执行准确率、分词的召回率、分词的精确率及其调和平均数(F值)。又如服务机器翻译应用的平行句对资源,则应该考察两种语言数据的对译程度、在源语言和目标语言中的通顺程度、句子的对齐程度等。

值得注意的是,越来越多的基础语言资源不再是原始语言数据或语言数据的标注形式,而是以语言模型、预训练模型等语言智能中间件的形式出现。在研发项目内部,它们也要注重接口、功能的标准化。而这些中间件也逐步开始在不同项目、不同应用之间提供服务。这同传统的语言数据资源一样,也需要注重语言资源交换中的标准化问题。

(三)语言资源交换中的标准化

语言资源交换的标准化需要三个系列的标注,即元数据标准、数据交换标准和资源性能评测标准。

语言资源交换过程中的标准化应特别注重元数据。元数据标准实质上规定了技术接口的使用与设计。语言资源的应用具有层次性和较为明确的目标指向。元数据中应包含其支持的服务目标,涵盖的语言单位的层次、语种、规模和版权信息、隐私信息等,并应兼容现有的图书馆元数据信息。

数据交换标准直接面对数据的读写操作,因而应根据各类型语言资源的形态,尽可能采用国际通用的数据格式和读写方法。标准应详细规定数据结构、编码格式、压缩格式和读写方式等。对于较为常用的接口方式,最好还应研制相应的主流编程语言的API与在线服务供方便调用。

资源性能评价也是交换过程中的重要事项。针对不同用途、不同层次的语言资源,应开展具有权威性的资源性能评测,以推动资源建设的健康有序发展。因而资源性能评测类系列标准是不可或缺的。资源性能评测标准应紧贴各类语言智能应用场景进行设计,从规模、质量、规范性、易用性、可扩展性等方面进行综合评价。

在语言资源的交换过程中还需要注重一系列协议体系的建设，包括知识产权体系、伦理体系和配套的法律法规体系。以预制协议方式对语言资源的发布和传播进行规约。目前在软件工程领域，已经产生了一系列国际认可的开源协议，并逐步形成体系。这些协议主要涉及软件的开源方式、传播方式和获利分配方式。在软件的发布和传播过程中只需简单声明其遵循何种协议，即受相关条款保护。这种方式兼顾了传播的便利性和对知识产权的保护，近年来发展迅速。开源协议体系中其中较有影响力若干协议及其基本属性如表1所示。这一点值得语言资源标准化工作借鉴。

表1 常见的软件开源协议(林枋 2009)

协议	含源代码	状态变化	商业使用	允许传播	允许修改	专利授权	私人使用
Apache	未规定	允许	允许	允许	允许	允许	允许
BSD	未规定	允许	允许	允许	允许	允许	允许
GNU	允许	允许	允许	允许	允许	否	允许
MIT	未规定	允许	允许	允许	允许	允许	允许
Mozilla	允许	允许	允许	允许	允许	允许	允许
Eclipse	允许	允许	允许	允许	允许	允许	允许
Affero	允许	允许	允许	允许	允许	允许	允许
一般著作权	未规定	允许	允许	否	否	未规定	允许

四、余　　语

语言资源建设规模扩大，交换频繁是以语言智能为代表的新时代的语言服务高速发展所带来的现象。语言资源建设的健康有序发展需要信息化、规范化和标准化。在“三化”的顶层设计方面，需要学术界的理论研究和产业界的市场实践相结合，开展语言资源建设和语言资源交换的产业研究，语言资源交换的协同机制建设，进行双轮规划：一方面是技术与经济效能的规划，另外一方面是伦理与法规方面的规划。借由此，打造语言资源建设、交换、使用的基础设施。

附　注

[1]　20世纪80年代,澳大利亚层依照语言资源理念制定了《国家语言政策》,但之后多有变更。(王辉 2010)

参考文献

1. 陈章太. 论语言资源. 语言文字应用,2008(1).
2. 李宇明. 中国语言资源的理念与实践. 语言战略研究,2019(3).
3. 厉小军,潘云,谢波. 软件开发过程及规范. 北京: 清华大学出版社,2013.
4. 林枋. 开源软件的许可证浅析. 科技广场,2009(5).
5. 邱质朴. 试论语言资源的开发——兼论汉语面向世界问题. 语言教学与研究,1981(3).
6. 王辉. 澳大利亚语言政策研究. 北京: 中国社会科学出版社,2010.
7. 荀恩东. 语言智能的核心: 语义理解. 全球人工智能与机器人峰会,中国深圳,2020.
8. 智研咨询. 2020—2026年中国数据标注与审核市场调查与前景趋势报告. http://www.ibaogao.com/baogao122630a5R019.html.
9. Fishman J A. Language Modernization and Planning in Comparison with Other Types of National Modernization and Planning. Language in Society, 1973,2(1): 23-43.
10. Freeman E, Freeman E. 深入浅出设计模式. O'Reilly Taiwan 译,北京: 中国电力出版社,2007.
11. Ruzi R S. Orientations in Language Planning. *Journal of National Association of Bilingual Education*,1984(8).

公共卫生安全视域下的污名与语言文字规范*

盛　静

国际关系学院英语系

摘　要　2019年年底新冠肺炎疫情以来，公共卫生问题再度与"安全"概念结合在一起，为当前语言文字的研究提供了重要的语言框架。疫情期间，语言污名蕴含在公共卫生安全中，有损国家形象，导致语言暴力，影响着病患对于疾病和自我的认知。因而，当前语言文字规范在公共卫生安全领域应着眼于去污名和反污名化的策略性研究。在国家层面，应对来自他国的污名时，提升停止侵入性议题，设定新议题的方式。在探讨"疾病"时应去修辞化，减少疾病与特定职业之间的关联。

关键词　污名化　公共卫生安全　安全

2019年年底，新型冠状病毒（Corona Virus Disease 2019，COVID－19）爆发并蔓延。2020年1月31日，世界卫生组织把新型冠状病毒感染的肺炎疫情列为"国际关注的公共卫生紧急事件"。在我国，新型冠状病毒属于乙类传染病，按照国务院2006年发布的《国家突发公共事件总体应急预案》，新型冠状病毒肺炎被认定为Ⅰ级突发性公共卫生事件，也是2020年具有"黑天鹅"性质的国际公共卫生安全事件。伴随着新冠疫情这一突发公共卫生安全事件，公共卫生安全成为重要的语言框架，而语言污名的问题也蕴含在公共卫生安全之中，成为语言文字规范过程中亟待考量的问题。

---

*　本文系中央高校科研项目"话语理论框架下的母语安全与身份认同关系实证研究"（项目编号3262018T23）部分成果；系中央高校"新时代国家安全话语体系研究"（项目编号3262019T04）部分成果。

一、公共卫生安全、语言与污名

（一）“安全”与“公共卫生安全”的内涵

早期汉语虽然没有“安全”这个词，但“安”与“危”是相对的概念，强调的是“没有危险；不受威胁；不出事故”（李文良 2014）。在公共卫生防疫方面，中国的古诗词“傩声方去疫，酒色已迎春”，是说驱疫的傩声已经远去，而显青色的年酒则迎来了春天。傩声是古代驱除疫鬼的驱傩仪式中驱逐疫鬼的呼号之声。由此可见，中国人很早以前就已经有了对抗疫情的公共卫生意识。英文“安全”（security）一词来源于拉丁文 securitas，它的字面意思是“不再担心”。（Newman 2010）此后 Wolfers（1952）把“安全”定义为“客观上讲，安全是对已获得价值没有威胁；主观上讲，是没有对此价值将遭受攻击的恐惧”。客观无威胁，主观无恐惧，这也是当前在安全学研究中对“安全”概念的最传统的定义。

随着安全学研究的不断深入，国内学界对于“安全”的概念也有不同的定义。围绕不同的行为体和分析领域，关注点主要聚焦在了传统安全和非传统安全（余潇枫 2020），积极安全和消极安全等概念（余潇枫 2013）。相对来讲，传统的“安全”概念和“消极安全”概念强调的就是以“国家”为核心的主要行为体的安全理念。它也特别强调当遇到外敌入侵的时候，政府必须要采取尽可能的行动来保卫其政权和政治影响力。伴随着全球化过程中科技改变、互联网使用、人口流动和地缘政治模式改变，传统安全观也逐渐向“非传统安全研究”领域和“积极安全观研究”方向迁移。这种改变超越了原本的国家疆域限制，强调倘若“安全”受到威胁，造成伤害的不再是“国家”，而是“人类命运共同体”本身。超国家行为体包括全球/国际、国家、社会/社区、个人/弱势群体和妇女儿童等都成为了研究的重心。

相较而言，国外威尔士学派、哥本哈根学派和批判安全研究等不同学派，也对“安全”有了不一样的定义和阐释。（Wolfers 1952；巴瑞·布赞等 2003）威尔士学派提出，把人作为安全的最终参照物，强调“安全具有工具价值，让个人和群体能创造生存的条件使人的生活能超越动物。生存是活着，而安全是生活”（Wolfers 1952）。哥本哈根学派的综合安全观，从语言的建构主义出发，认为“威胁是一种社会建构，它与物质条件或者密切相关，或者毫不相关。理解某事被安全化（当做一种威胁被指定和被接受）或者非安全化（从威胁目录中删除），是安全研究极富活力的一面”（巴瑞·布赞等 2003）。因而，对于哥本哈根学派而言，安全化的行为主体不能成为分析的重心，而安全化实践才是。

随着“安全”概念从传统上与军事事务相关的安全概念扩展到包括非军事安全问题（例如环境、经济、公共卫生和视频等），从硬政治理论扩展到以语言为核心的安全化实践的建构主义理念。自二十世纪以来，随着SARS、艾滋病和埃博拉等病毒不断向人类健康发起挑战，公共卫生也不可避免的与“安全”紧密结合。尤其是世界卫生组织《2007 年世界卫生报告：构建安全未来》发布，更是把公共卫生和安全这两个概念紧密结合起来，“公共卫生安全”概念也成为自二十一世纪之初至今广泛使用的语言框架之一。目前为止，“公共卫生安全”概念包含着以下几个层次：第一个层次，公共卫生事件将构成严重威胁，不仅是对任何一个国家或公民，而是对后代和全球系统的威胁。第二个层次，将卫生事件视为对个人的威胁。第三个层次，公共安全与区域安全之间的相互作用。第四个层次，强调狭义的安全，即将公共卫生安全限制在国家安全层面，强调军事介入。

公共卫生安全化有利有弊。有利的方面在于将公共安全卫生与安全结合，使得“公共卫生安全”概念本身成为世界各国行动的安全实践语言框架，将各国政治领导力和资源整合起来，应对各种国际卫生问题，也可以为各国之间的外交合作和参与国际事务创造更多的机会。（Hafner & Shiffman 2013）但当前公共卫生安全修辞的过度化，也引起了学者的担心和忧虑。Wenham（2019）认为该概念自提出至今，全球卫生安全正逐渐发生着根本性的变化，包括军事活动侵入卫生领域，并增加了从事卫生安全工作的人员所面临的现实风险。全球卫生紧急状态、全球卫生安全威胁、全球卫生安全风险和全球卫生安全问题等语言表述存在着差异性，需要针对具体卫生问题使用具体语言，不能笼统地用一个词语概括。（Davies 2017）“公共卫生安全”框架解释问题的能力有限，并不能取代“主权即责任”等语言框架。也正因如此，“公共卫生安全”的概念在海外的使用频率在 2019 年达到顶峰以后，呈现逐渐下降趋势。然而随着 2020 年新冠肺炎疫情的全面爆发，此概念又再次不可避免地被不断提及，与“生物安全”“生化安全”等概念一起，成为文学、新闻和学术研究等叙事过程中不可避免需要使用的语言。

(二)语言污名的内涵及其安全危害

无论是否将公共卫生安全化,人类发展的过程是通过语言文字不断对各种疾病进行定义和概念化的过程。人们在日常生活中都在潜意识地习惯于把“对健康不利”的细菌作为病毒,将其看做是威胁和不安全因素,而常常无视很多细菌其实是益生菌,是有益于人类身体的细菌。因而,人们习惯于把“清洁”“肮脏”和“禁忌”与相关的语言概念和分类联系在一起,而这种联系展现了某种特征和成见之间的特殊关系,这个过程被称为“污名”。(欧文·戈夫曼 2009)蒙受污名的主体会被置于“丢脸”和“会丢脸”的处境之中,被污名的主体会觉得其拥有或被相信拥有某些被贬抑的属性和特质。

污名的过程是在语言的过程中实现的。污名的过程是主体间的标签化和区别化的过程,会产生客观的威胁和主观的恐惧,是在语言的过程中而产生的安全问题,因而也是语言安全研究需要关注的重要维度。从这个意义上讲,语言安全其实探讨的不是安全中的语言现象,而是因为语言直接或间接地产生或导致的安全问题,如冲突衍生、风险激增、形象受损等。(盛静 2018)

语言污名的主体不限于个人。在全球范围内,国家、机构、群体和个人等多重主体都可能成为语言污名的对象。例如,随着“一带一路”的展开,世界各国都有很多国家和企业参与到这一倡议中,其中也涉及了铁路和产业园的修建等。从语言政策规划的维度来讲,“一带一路”涉及了世界性语言规划,“这也是为什么国家发展改革委员会、外交部和商务部 2015 年 3 月接受国务院授权发布这份倡议的文本时,甚至没有用‘倡议’二字,而是用了‘愿景与行动’。‘战略’‘规划’‘计划’‘工程项目’都难以赋予其准确的定义(傅梦孜 2019)[214]”。语言的谨慎选择,也体现了我国政策在语言层面对来自他者的污名政治的谨慎与考量。除我国以外,“一带一路”也囊括了世界上的多重主体,因而也是超越“国家”这一特定主体的规划。在适应这个战略的过程中,世界各国包括非洲的多种从业人员汇聚在中国各大城市。然而目前在中国,只要提到非洲,人们普遍觉得这个地方脏乱差。邱昱(2016)的研究显示,一位做布艺生意的李先生声称虽然经常接到非洲人的订单,但这些买家具体来自非洲哪个国家或地区,他却并不知晓。在他口中,所有的非洲人都简以“鬼佬”称之。在言行中,他并非有意识地将其用种族来区分,而是冠以标签化,以便他进行再分类。“素质低”“信用差”“安全隐患”等正成为国人对于非洲人的刻板印象。而事实上,从公安局出入境管理支队的 2013 数据显示,外国人在穗犯罪率约为 1.65%,而非洲人的数据仅仅略高于此数目。

在特定机构和职业规划层面,从事医疗服务、卫生、教育、执法、服务类行业是直接跟人打交道的行业,这些行业经常会被污名。人们的语言表达中也常出现以下的现象,例如:你不好好学习就得去当环卫工,蓝翔是差生才会去的学校,再不乖让警察把你抓走等。这些语言很容易将某些职业表现为不良的负面形象。就个体来讲,残疾人等弱势群体更容易成为语言污名的受害者。

由此可见,当前世界,语言污名现象时有发生,直接或间接地影响着我国的国家形象,不仅影响着特定的机构和职业,也影响着每个人的身心健康。

二、公共安全卫生安全视域下的语言与污名化

(一) 国家层面的语言污名与政治安全

在政治领域,政治信息中使用编码或暗示性语言来获得特定群体的支持而不引起反对的过程,被称为“语言狗哨”。(Safire 2008)“狗哨”,顾名思义就是“狗吹哨子”,因而也就很难证明其真伪,有哨声传递的信息有可能是错误的。Safire(2008)指出,“措辞的细微变化有时会产生截然不同的结果,受访者在问题中听到了研究人员没有听到的内容,此过程被称为狗哨效应”。而疾病作为一种生理表现,常常被用做政治修辞第一他者,也成为“语言狗哨”的特定载体。

桑塔格(2003)[5] 谈到疾病和隐喻时写道,“梅毒,对英国人来说是‘法国花柳病’,对巴黎人来说是‘日耳曼病’,对佛罗伦萨人来说是‘那不勒斯病’,对日本人来说是‘支那病’”。由此可见,狗哨、疾病与污名紧密联系,而这种情况在当前国与国的竞争中也是时有发生。Budhwani 和 Sun(2020)在新冠肺炎病毒爆发后,调查了 2020 年 3 月 16 日到 2020 年 3 月 25 日之间包含“中国病毒”的推特信息。在研究初期,他们仅发现了 16 535 条带有“中国病毒”的推文;而在后期带有“中国病毒”的推

文迅速增长到了 177 327 条，为初期的 10 倍。这一数据的增长也恰巧与美国前总统特朗普在推特上将新冠病毒称之为“中国病毒”所带来的影响紧密相关。该研究显示，在特朗普推文之前，推特上发现了 271 条包含“中国病毒”的推文，而在特朗普推文之后则增加到了 2 910 条，也为之前的 10 倍。以上一系列数据表明，在新媒体网络空间，政治暗语是向世界民众传递预设信息的重要途径，是实现语言污名与狗哨政治的通路。就美国各州使用“中国病毒”的流行度而言，美国南科他州的“中国病毒”流行率最低。相较来讲，美国使用率最高的五个州是亚利桑那州、纽约、佛罗里达州、内华达州和怀俄明州。该研究（Budhwani & Sun 2020）的研究结果进一步表明在拥有 1.52 亿用户、产生 5 亿条推文的推特平台上，官方化污名会加重污名的效果，造成的仇视和污名化的效果也更强。

（二）公共卫生领域中的职业、语言污名与安全

在公共卫生领域，医疗卫生是与人打交道的职业，因而也更容易被污名化。尤其是在医患关系较为紧张的当下，对于医生和护士的污名，一方面影响着他们的人身安全，另一方面影响医务工作者自身对于自我职业的认同度。

朱桂生和黄建滨（2018）采用批评话语分析的框架，对 2016 年 5 月 5 日安徽省《新安晚报》报道的“肾失踪”事件进行了语料分析。研究发现，新闻媒体通过标题、分类、文本架构和互文性等手段将青年医生群体塑造成一种缺乏经验、冷漠傲慢、部分责任的施暴者形象。研究者自建语料库数据显示：“青年主刀医生被‘掉头就走’‘回答不上来’‘难辞其咎’‘拒绝回答’‘冷漠地’等语言反复描述。媒体的这些极具偏见性话语以及特殊的形象建构必将加重医患双发的误解和矛盾，加剧社会对医生群体的污名化。”（朱桂生，黄建滨 2018）[14-15]

现实情境中的职业污名也使得医疗行业的从业者面临着较大压力。周晔和黄旭（2018）[97] 的研究显示，当所从事职业具有了被外界诟病的污名时，“高声望职业（如医生）遭受污名化后负面影响更强。目前，儿科医生离职现象严重，医学院高考招生分数线呈下降趋势，现职医生压力普遍增大”。Stair（2017）研究显示，在美国，每年约有 300 到 400 名医生自杀死亡，四分之一的医学生在与抑郁症做斗争，大约 11%的医学生表达了自杀意念。在污名压力下，医生与病患如同一枚硬币的两面——医生可以是受人尊敬、力量强大的社会成员，但同时医生本人有可能就是病患，正在与心理疾病做斗争。

（三）疾病/病人、语言污名与安全

在公共卫生领域，语言文字传达着什么是正确的。语言界定了什么人是临床医生、卫生从业者，也界定了整个社会看待疾病和病人的方式。意义通过语言文字附着在特定的疾病上，衍生出新的修辞和意象，也产生新的政治阐释、道德审判和价值评价。

由于特定语言与特定疾病和病患紧密绑定，某些特定群体会成为污名化的重点对象。笔者通过对 iWeb 语料库（基于 BYU 语料库网站）查询出与“污名化”相关的位列前 50 的词语（重复意思的已删）。这些词语中，表达负面含义的词语包括“歧视、疾病、紊乱、性别、健康、暴力、疾病、抑郁、自杀、被害者、犯罪、焦虑、障碍、僵化思想、感染”。通过以上一系列的负面词语我们也可以推断出，语言污名在公共卫生领域与特定的疾病和群体之间有紧密的联系。这些特定疾病群体可能包括精神疾病、吸毒者、抑郁症病人、自杀者，以及残疾人等弱势群体。

病患是深受疾病困扰的主体，却也是最常被污名化的。桑塔格（2003）谈到她之所以写《疾病的隐喻》这部作品的初衷就是她“一再伤心地观察到，隐喻性的夸饰扭曲了患癌的体验，给患者带来了确确实实的后果：它妨碍了患者尽早地寻求治疗，或妨碍了患者作更大的努力以求获得有效治疗”。在新冠肺炎疫情中，Semino（2021）协同世界各国的学者在全球范围内收集了用来描述新冠肺炎病毒的隐喻。隐喻的总数达到 550 个，共计 30 多种语言。该研究发现世界各地都较多地使用战争隐喻来描述应对新冠肺炎病毒的过程。她指出战争隐喻固然强调了病毒带来的风险，但也容易适得其反。将病毒看成“敌人”或“入侵者”，有可能将病患置于污名的境地，将病患等同于需要处理的对象，增加那些无法康复病患的愧疚感。因而，Semino（2021）倡议使用“火”来修饰“新冠肺炎病毒”，因为“火”具有多种形态，可以融合多元参与者，具有明确的演变方向，可以多层面、多阶段地对新冠肺炎病毒和疫情进行描述。此外，Semino 等研究者还提供了一系列用于描述癌症患者的隐喻菜单。例如，把癌症比喻为“外星人”，把治疗癌症的过程比作可以抬头看风景的旅程等。

除新冠肺炎病人和癌症病人，精神疾病患者（含抑郁症病人）也是

近年来人群不断增长、且最易被污名的群体。作为最易被污名的一种疾病,精神类疾病困扰着全世界四分之一的人口。根据世界卫生组织(2019)统计显示,"全球高达20%的青少年患有精神疾病。中低收入国家约有15%的青少年有过自杀念头。此外,全球共有2.64亿多人患抑郁症。其中女性居多"。在现实生活中,无论是精神类疾病或者是抑郁症都大量地遭受污名,许多患者不愿承认自己患病且不愿寻求治疗。精神类疾病病人常常被冠以"疯子""神经病""傻子""妄想狂"的称呼。电视、报纸或杂志上对精神疾病问题的曝光也常常侧面反映了公众对精神疾病患者的标签。这些标签包括发疯、对他人危险、暴力倾向和不可预测等。(Tang & Wu 2008)相较来讲,抑郁症病患可能会遭受来自周遭的语言压力,如:"大家都经历着这些生活压力,怎么你就一蹶不振?""某某比你差那么多都没有抑郁,你怎么就抑郁了?"诸如此类对抑郁症的误读造成的最坏影响是让抑郁症患者因自己的疾病而感到羞愧,让他们在本就饱受病痛折磨的基础上陷入自责,把自己的病症看作一种耻辱,形成所谓的"二次伤害"。

三、讨论与结论:污名化视角下的语言文字规范

自2019年以来,新冠肺炎疫情的跌宕起伏再次将人们的视线转移至公共卫生领域。尽管公共卫生安全化尽管备受争议,有利有弊,但"公共卫生安全"这一概念无疑为世界范围内应对相似的卫生问题提供了可以讨论的维度和空间。在此视域下,语言污名与安全的不同主体紧密联系,成为语言文字规范研究亟待考量的问题。

污名不一定总是坏的,因为语言污名具有一定的道德约束的力量,有助于公众确认道德边界。然而在公共卫生安全领域内,语言污名会威胁安全。尤其在当前新媒体环境下,来自他国官方渠道对我国的刻意污名,会使我国国家形象受损,直接伤害我国的政治安全。从特定领域和职业来讲,污名会导致语言暴力,威胁从业者生命,影响该领域内的从业人员数量,最终导致行业衰退。对于某些病患,他们可能会因为疾病被污名和被标签化而产生焦虑、抑郁。在此情境中,健康的人可能会罹患疾病,而不健康的人可能会受到二次伤害。因而,从语言文字规范问题层面而言,公共卫生领域内的语言污名问题,未来应着眼于反污名和去污名化的过

程。从国家、机构和个体来讲,反污名和去污名化途径主要有以下几个方面。

首先,在讨论疾病的过程中,应从多个维度规范污名对健康实践和结果产生负面影响。一方面,不再使用疾病来标签化某些特定的人群,逐渐帮助公众接纳甚至扭转某些特定疾病人群的负面看法和方式;另一方面也帮助某些特定疾病人群悦纳自我,不必担心会遭受歧视和偏见。具体来讲,青少年作为备受污名困扰的群体,其身心发展处于特殊阶段。因而在与青少年交谈时,应避免使用否定句式,转而采用 A or B 的选择句式来进行积极引导。此外,在医疗卫生机构中,医生和忽视在谈论和表述疾病时,应尽量去修辞化,将疾病去除“意义”,剥离其本身所附着和捆绑的政治、道德和价值阐释,恢复疾病本来的面目。例如,对待精神病人病人,应尽量使用“被诊断为精神疾病”或“有精神分裂症状”,而尽量避免“精神病、神经病、精分”等语言表述。在日常生活中,人们也可以尝试除战争以外的不同的隐喻表达来描述疾病,这些隐喻包括“火”“旅程”等。(Semino 2021)新闻媒体在使用修辞的过程中,也应该避免用使用“最近股市/经济像神经病”等诸如此类的表达。

其次,在公共卫生领域进行去污名化,并不是说媒体不可以进行客观真实的新闻报道,而是说在没有任何新闻事件出现的情况下,媒体不应把一些特定的时间与职业关联起来,污名某个职业。此外,不同领域的职业有不同的事物功能,媒体应该带头拒绝通过词语间的联系来建立对特定职业的不尊重。在此基础上,新媒体平台也可以通过群众喜闻乐见的主持人和演员等发布公益广告和公益的宣传。以新媒体等多种途径和形式来宣传和传播文明礼貌用语永远都不过时。

最后,对我国这样一个正在发展中的大国,国与国之间的竞争中遭受语言污名是不可避免的。无论是对于我国的媒体、政策制定者,还是语言使用者,都应意识到语言具有建构性的特征,要意识到选择不同的词汇、语法和修辞策略都有可能产生不同的语言效果。在此基础上,在国际舆论战中,也可采用“反语言框架”的策略实现“反污名”和“去污名化”。“反语言框架”的过程,就是停止原有侵入式议题,并在此基础上设定新的议题的方式。这就要求无论是政府、机构还是个人,都要具有较高的多语能力、跨文化理解力、沟通力和协调力,这也无疑对未来的语言人才的培养提出了新的课题和新的挑战。

参考文献

1. 巴瑞·布赞,奥利·维夫,迪·怀尔德. 新安全论. 杭州: 浙江人民出版社,2003.

2. 傅梦孜. "一带一路"建设的持续性. 北京: 时事出版社,2019.

3. 李文良. 中国国家安全体制研究. 国际安全研究,2014,32(5):40.

4. 欧文·戈夫曼. 污名: 受损身份管理札记. 北京: 商务印书馆,2009.

5. 邱昱. 清洁与危险: 中-尼亲密关系里的去污名化技术和身份政治. 开放时代杂志,2016(4):88.

6. 桑塔格. 疾病的隐喻. 程巍译. 上海: 上海译文出版社,2003.

7. 盛静. 跨学科视角下的语言与安全研究. 语言文字报,2019(12):3.

8. 世界卫生组织. 构建安全未来: 21 世纪全球公共卫生安全. 北京: 人民卫生出版社,2007.

9. 余潇枫. 安全治理: 从消极安全到积极安全——"枫桥经验"五十周年之际的反思. 探索与争鸣,2013(6):44.

10. 余潇枫. 非传统战争抑或"非传统占争"? ——非传统安全理念 3.0 解析. 国际政治研究,2020,41(3):198.

11. 朱桂生,黄建滨. 青年医生形象的媒介话语建构: 从语言偏见到信任危机. 当代青年研究,2018(3):12-18.

12. 周晔,黄旭. 高职业声望从业者职业污名感知和员工幸福感——基于认知失调视角. 经济管理,2018,40(4):84-101.

13. Budhwani H, Sun R. Creating COVID-19 Stigma by Referencing the Novel Coronavirus as the "Chinese virus" on Twitter: Quantitative Analysis of Social Media Data. *Journal of Medical Internet Research*, 2020,22(5).

14. Davies S E. Advocating global health security. //Burke A, Parker R. (eds.) *Global Insecurity: Futures of Global Chaos and Governance*. London: Springer, 2017: 253-272.

15. Hafner T, Shiffman J. The Emergence of Global Attention to Health Systems Strengthening. *Health Policy and Planning*, 2013,28(1): 41-50.

16. Newman E. Critical Human Security Studies. *Review of International Studies*, 2010,36(1): 77-94.

17. Safire W. *Safire's Political Dictionary*. New York: Oxford University Press, 2008.

18. Stair E. Stigma Affects Everyone, Even Doctors. *National Alliance on Mental Illness*, 2017. https://www.nami.org/Blogs/NAMI-Blog/October-2017/Stigma-Affects-Everyone-Even-Doctors.

19. Semino E. Not Soldiers but Fire-fighters —— Metaphors and Covid – 19. *Health Communication*, 2021(26): 1, 50 – 58.

20. Tang I-chen, Wu Hui-Ching. An Exploration of Stigmatization and Destigmatization Toward Persons with Psychiatric Disabilities. *Journal of Disability Research*, 2008,6(3): 175.

21. Wenham C. The Oversecuritization of Global Health: Changing the Terms of Debate. *International Affairs*, 2019,95(5): 1093 – 1110.

22. Wolfers A. National Security as "National Security" as an Ambiguous Symbol. *Political Science Quarterly*, 1952(67): 481 – 502.

语言文字规范化舆情事件及其应对策略*

徐欣路

北京语言大学中国语言文字规范标准研究中心

摘　要　文章分析了2019年普通话异读词审音舆情事件，认为该类事件手段上的消解性、依据上的无稽性、节点上的不可预测性、应对上的不可理喻性是其明显特征。该事件的发生和发酵可从我国语言文字规范化工作中找到一些深层次的原因。反思该事件，语言文字规范化工作应该积极采取适应当前新形势的应对策略，开展多角度的综合治理，具体策略包括：利用好行政资源，建立规范应用问题的采集回应机制；利用好基础教育改革资源，建立促进基层自我宣传贯彻的激励机制；利用好新媒体资源，建立全新网络话语方式的宣传机制；利用好时代热点和社会心理资源，建立事业形象系统的重构机制；利用好舆情服务资源，建立舆情预警与快速反应机制。

关键词　语言文字规范化　普通话异读词审音　民粹主义　舆情事件

语言文字规范化工作始终是新中国成立以来语言文字事业的核心工作之一。新中国成立之初，文盲率高、各地区语言差异大的现实极大地制约了人民的语言沟通效率，而语言文字规范化工作作为破除语言文字障碍的一项关键工作，得到了全社会的广泛认可。进入新世纪，随着普通话和规范汉字的普及，人民的语言文字能力得到了极大提高，原有的语言文字障碍在很大程度上得到了消除，语言文字规范化工作也随之调整目标，向精细化、领域化的方向发展。这一调整是符合新世纪中国语言生活发

* 本文原载《澳门语言文化研究(2019)》(澳门理工学院，2020)，本书收录时略做修改。

展需要的。不过,"当年语言文字工作依存的思想观念和社会基础、所能使用的技术手段和面对的国际国内形势,都发生了重要而深刻的变化"(李宇明 2009)。随着网络时代特别是自媒体时代的到来,不同的语言文字价值观开始在虚拟空间碰撞。语言文字规范化工作本身应对不同观点的争鸣持欢迎态度,但如网络表达超越语言文字工作正常运转可以承受的限度,表现出民粹主义特征,酿成严重的负面舆情事件,管理部门和学术界就应对此加以重视。本文以 2019 年普通话异读词审音舆情事件为例,谈谈该类事件的特征、影响和应对策略。

一、相关舆情事件

语言文字规范化舆情事件在自媒体尚未十分发达时就已经有所表现。2009 年 8 月,教育部、国家语言文字工作委员会(以下简称"国家语委")就《通用规范汉字表(征求意见稿)》向社会征求意见,其中对 44 个汉字字形的微调引发了社会热议,很多网络意见均认为此调整代价太大,没有必要。这一意见可能也并非完全没有道理,但其表达过程是非理性的。特别是个别文化、出版领域专家本应全面理解调整缘由后再理性发声,但仍旧被裹挟在"民意"中,成了非理性表达的代表人物。此次舆情事件的结果是 2013 年正式公布的《通用规范汉字表》取消了字形微调。

以微信公众号为代表的自媒体兴起以来,舆情形成和发酵的速度又大大超越了以往。2016 年 6 月,《普通话异读词审音表(修订稿)》(以下简称《审音表(修订稿)》)面向社会征求意见。该表在征求意见期间未发生任何舆情事件,但却表现出了极强的"后劲",在 2018 年引发了两次舆论小高潮,并在 2019 年引爆了一次破坏力极大的舆论风暴。2018 年 5 月,微信公众号"Vista 看天下"发表文章《说 shuō 客? 坐骑 qí? 我怕是上了个假学!》,阅读量迅速达到"10 万+"。2018 年 11 月,微信公众号"短史记"发表文章《汉语多音字之所以折磨人,是因为审音工作太糙了》,阅读量高达 4.5 万。2019 年 2 月,微信公众号"普通话水平测试"发表文章《注意! 这些字词的拼音被改了!》,随后另一公众号"中国播音主持网"以《播音员主持人请注意,这些字词的拼音被改了》为题转发该文,两号的文章阅读量均迅速突破"10 万+",并在全社会掀起了一场关于普通话异读词审音的舆论风暴。

在这场舆论风暴中,微信公众号"老马价值观"起到了关键的推波助澜的作用。从 2019 年 2 月 19 日至 3 月 4 日的 14 天时间里,该公众号 9 次发布与审音相关的文章和宣传性内容,其中《致国家语委：我只心疼语文老师》阅读量迅速达到"10 万+",《心疼母语,请手下留情》和《语言,即祖国》阅读量均达到了 4 000 以上。该公众号的运营者还在"荔枝微课"平台开设了题为《那些汉字怎么读,大美母语一起学》的微课,也形成了一定的影响。

二、事件的特征

对 2019 年普通话异读词审音舆情事件进行剖析,发现在目前网络自媒体已高度发达的时期,语言文字规范化领域舆情事件呈现以下四个显著特征。

第一,手段上的消解性。与各领域民粹主义舆情事件类似,语言文字规范化领域舆情事件传播、升级的过程对消解性手段的利用十分明显。从审音事件看,该领域消解性手段的基本途径是通过利用爱国情绪和搬弄传统文化,污化政府和学界形象,消解其权威性和正当性。以造成审音事件大幅升级的微信公众号"老马价值观"的文章为例,其推出的《致国家语委：我只心疼语文老师》《致我同胞书：语言即祖国》等获得巨大阅读量的文章均将自己塑造为一个为国家命运和传统文化振臂疾呼的民意代表,而将主管政府部门和相关专家刻画为站在民意对立面、毁坏中国文化、缺乏基本常识的愚蠢者,煽动性很强。

第二,依据上的失实无稽性。在各微博和公众号所发消息中,触发审音事件爆发的关键"依据"是几个所谓"国家语委读音改变"的例子及其解读："说客"的"说"读音已经由 shuì 改成了 shuō,"远上寒山石径斜"的"斜"读音已经由 xiá 改成了 xié,"一骑红尘妃子笑"的"骑"读音已经由 jì 改成了 qí,民众认为"《审音表》修订稿修订中"的这些"改动"改变了古音,破坏了传统文化。事实上,上述三个读音在 1985 年版《普通话异读词审音表》中就已规范为后面的读音,而且《普通话异读词审音表》的审音对象其实根本不包括古诗词中为了格律和押韵的变读。上述"依据"完全是失实的,其解读针对的其实是一个并不存在的对象,完全是无稽的。

第三,节点上的不可预测性。《审音表(修订稿)》于 2016 年 6 月面向社会公众征求意见。如按照常规预测,舆情事件应于征求意见期间爆发,但实际上当时只出现了一定领域、一定程度的热议,并未造成全面的恶劣影响。其后,该话题于 2018 年出现过两次舆情小高峰,而真正造成严重影响的舆情事件则爆发于 2019 年 2 月。可以说,该话题舆情发展的节点与征求意见工作之间的关系十分迂曲。就节点的触发条件来看,2018 年 5 月小高峰的触发是由于"大 V"马伯庸发了一条关于"说客"的"说"读音已改的微博,而 2019 年 2 月事件爆发则是由于微信公众号"普通话水平测试"和"中国播音主持网"出于商业目的进行的炒作。可见,在舆情关键节点的触发上,个人因素和商业因素等非语言文字因素起到了关键作用。因此,要提前预测事件的高潮点、爆发点并有针对性地设防是几乎不可能做到的。

第四,应对上的不可理喻性。"不可理喻性"说的是不能用解释道理的方式使谬误破解、真相显现。审音事件爆发后,教育部语言文字应用研究所、中国社会科学院语言研究所等相关权威机构通过传统主流媒体和微信公众号有针对性地发表新文章或重发相关的旧文章,力图澄清事实真相,引导公众舆论。然而,上述文章虽然从观点上看无疑是正确的,但其采用的"事后说理"的方式使得干预效果对于强大的负面舆情而言比较有限,其阅读量和转发量与负面文章相比也有明显差距。负面舆论的平息最终依靠的主要还是网络舆论自身的周期规律。

三、事件的深层原因与危害

此次事件的发生和快速发酵当然与网络上个别自媒体运营者的个人行为有关,但更为深层的原因恐怕应该从语言文字规范化工作本身去考虑。总的来说,目前语言文字规范化工作中存在的以下四个方面的问题,都是造成事件发生和快速发酵的动因。

一是语文工具书、教材、教辅、课外读物与国家发布的规范之间存在不一致。审音事件中,民众在网上频繁表达的一个意思是"标准经常变来变去,改过去又改回来,无所适从"。而事实上,自 1985 版《普通话异读词审音表》公布后,我国从来就没有公布过新版的异读词读音规范,所谓"变来变去""改过去又改回来"的印象很大程度上是由不同语文工具书、教材、教辅、课外读物中与《普通话异读词审音表》不相符的注音造成的。

二是政府与学界面对新媒体时代的语言文字网络民意缺乏相匹配的应对方式和话语手段。新媒体时代，民众网络表达轻易就可以占领话语高地，而政府和学界对话语高地的保卫则缺乏有效手段。民众的表达是日常化的，而政府和学界的应对方式基本局限于事后应急；民众的表达是网络化的，而政府和学界的话语手段基本停留于学理说教。两方不在一个“频道”对话，这造成了网络上负面民意堆积严重，应对行动效果有限。

三是政府与学界对新媒体时代语言文字网络舆情进行及时干预的机制还有待加强。舆情事件爆发前的积累和发展是一个过程。实际上，2016年《审音表(修订稿)》征求意见即引发了一定的热议，2018年5月和11月审音话题在网络上又出现过两次舆情小高潮，这都可看作审音事件大爆发的铺垫。政府和学界面对舆情发展过程做了很多工作，但总的来说，舆情的评估、预警、化解机制仍不够健全，相关工作以“语情”收集和引导为主，而在“舆情”的干预上，还没有完全摸索出一套符合新媒体时代特征的模式。

四是语言文字规范的宣传贯彻在总体形象设计和途径构思上与时代热点和社会心理对接尚显不足。语言文字规范的应用性很强，理应受到语言文字使用者的欢迎。但因为目前宣传贯彻途径较为传统，理念相对滞后，加之中小学语文课对规范的教学和考核有某些失当之处，很多社会人士对规范都存在一定的误解乃至偏见。实际上，目前全社会对传统文化的弘扬和对国民语言文字规范使用能力退化的焦虑为规范的宣传提供了很好的舆论土壤，而目前的宣传贯彻工作却基本没有利用好上述舆论资源，甚至与之脱钩严重。

陶文昭(2019)[15-17]指出：“民粹主义思潮反映了平民利益和弱势群体的心声，但往往具有反建制性、非理性和破坏性。”与其他民粹主义事件相仿，审音事件造成的危害是巨大的。首先是损害了政府和学界的形象。事件严重损害了我国语言文字工作主管政府部门和相关语言文字专家的形象，在全社会造成了一种在语言文字规范问题上对政府和专家的不信任感，使得今后相关工作的开展越发困难。其次是建立了一种恶性的反馈模式。事件建立起了一种对语言文字规范表达反对意见的民粹主义恶性模式，今后如果再发生类似情况，网民很可能会遵循审音事件中贬损怒骂的模式，以极快的速度消解政府和专家通过大量工作制订出的规范方案。最后是阻碍规范战略实施。在可以预见的将来，语言文字规范化工作必将继续深入各个应用领域，中国语言文字事业也还有两岸"书同文、语同音"，全球华语规范协调等重大的战略方向有待推进。审音事件造成的舆论形势对这些工作的开展都十分不利。

四、综合治理策略

要解决上述问题，为语言文字规范化工作创设良好的舆论环境，降低未来类似舆情发生的可能性，就需要政府主管部门建立监测疏通与监管整改相互结合，过程干预与应急处突相互补充，基层自主与官方引导相互协调，网络表达与官方话语相互平衡的舆论环境综合治理体系。建议该体系的建设应利用好五大资源，建设五个方面的机制。

第一，利用好行政资源，建立规范应用问题的采集回应机制。应面向各应用领域，常态化采集来自一线使用者的语言文字规范问题与意见，及时了解使用者的困惑和想法，并及时解疑释惑，避免负面意见过度积累。应建立语言文字规范应用的数字化服务平台，面向基础教育、新闻出版、广播影视、信息技术等重点领域，国家语委委员单位所属的其他领域，以及全社会提供语言规范服务，采集他们遇到的语言文字规范应用问题，组织专家及时应答，并梳理出疑问或意见较为集中的问题，通过网络宣传、讲座培训、出版读物、规范制修订等方式及时加以解决。如问题涉及语言文字使用不规范的出版物，则应组织专家及时分析原因，必要时责成出版机构加以整改。

第二，利用好基础教育改革资源，建立促进基层自我宣传贯彻的激励机制。相关舆情事件的负面意见主要来自以中小学为代表的基层，而面向基层的说教往往无法取得理想效果，因此需注重调动基层自己的积极性，激励其内部主动进行语言文字规范及科学规范观的自主学习和自我教育。随着基础教育课程改革的持续开展和教育部"全国中小学教师信息技术应用能力提升工程 2.0"的实施，特别是随着中小学语文新课标的实施和新教材的应用，语言文字规范在中小学的宣传贯彻正面临着重大机遇。应结合中小学教育数字化的推进和高中语文新课标学习任务群之一“汉字汉语专题研讨”的教学，由政府部门指导专业科研机构、专业报刊社、专业学会面向中小学教师主办汉语汉字规范知识微课大赛等内容新颖的比赛，并在赛前由专业科研机构在试点地区举办有针对性的语言文字规范和微课制作培训，促使基层涌现出一批熟知规范基础知识、热心于规范知识数字化传播的优秀种子教师和一批重视语言文字规范普及教学、积极组织参与相关活动的示范学校。

第三，利用好新媒体资源，建立全新网络话语方式的宣传机制。新媒体时代，诸多政府部门和专业机构都开通了官方微博、微信公众号、短视频号，以迥异于传统官方风格的俏皮话语实现了极佳的宣传效果，语言文字事业与每个人都息息相关，语言文字相关机构应考虑开设官方新媒体账号，以全新的网络话语方式来讲述以往只用官方话语表达的包括语言文字规范在内的“故事”。此外，还应基于汉语汉字规范知识教学资源征集等活动，将优秀的数字化资源集成到一起，通过各种新媒体渠道发布，以将其传播知识的功能最大化。

第四，利用好时代热点和社会心理资源，建立事业形象系统的重构机制。针对一些社会人士对语言文字规范化事业的误解，政府部门应着力重构事业形象系统，使之正面、丰满、充满活力，并利用好各种时机，通过新媒体对外进行展示。形象系统的重构，首要的应该是利用好既有的时代热点和社会心理，使事业形象与之相符合、相顺应。应利用好全社会弘扬中华优秀传统文化的热情，着力呈现语言文字规范化工作对弘扬传统文化的重大意义，着力阐释规范设计中对传统规律的尊重和升华，着力挖掘中国古代语言文字学术观念中实事求是、反对守旧的优秀传统，使认为语言文字规范破坏传统文化的复古主义论调失去市场；应把握好全社会对国民母语能力下降的焦虑心态，着力挖掘汉语汉字应用能力下降之表象背后语言文字规范掌握水平过低的实质，着力呈现规范在汉语汉字应用能力提升上的重要意义，使认为规范无用、“瞎折腾”的虚无主义论调失去根基。在语言文字规范立项制定、征求意见、公布实施等环节，均应对规范的形象做专门的设计论证。

第五，利用好舆情服务资源，建立舆情预警与快速反应机制。大数据时代，社会上出现了一大批依托大数据进行舆情监测分析的机构，其中一些优秀的机构已经获得了来自政府部门的大量订单。国家语委自身工作范围内的相关工作主要是相对传统的“语情”收集，而需要投入较大成本研发的大数据“舆情”监测分析则可通过政府购买的方式来获得。相关专业机构管理和运行所购买的舆情分析系统，对可能引发舆情事件的动向做到及时预警，并根据预警信息尽快组织舆情会商，及时研判形势，快速提出应对措施，这样才可能把舆情事件化解在铺垫、积累阶段。

五、结　　语

语言文字规范化事业舆论环境的改善重在改变过去单一化宣传贯彻的做法，利用好新时期各方面的有利资源，全方位地展开多角度的综合治理。赵世举(2015)指出，“国家语言能力是指一个国家掌握利用语言资源、提供语言服务、处理语言问题、发展语言及相关事业等方面能力的总和”，他还提出“语言管理及语言事业发展能力”是国家语言能力的组成部分。语言文字规范化事业舆论环境的综合治理能力实际上就是语言管理及语言事业发展能力的一部分。随着社会环境的变化，特别是随着新媒体时代和多元文化时代的到来，社会各个群体语言规范观念的多样化是不可避免的。如何把多样的观念作为资源加以利用，同时对其中可能危害语言文字事业的因素加以治理，毫无疑问是对中国国家语言能力特别是中国语言管理及语言事业发展能力的一个考验。

参考文献

1. 李宇明. 信息时代的语言文字标准化工作. 语言文字应用，2009(2)：2－11.
2. 陶文昭. 民粹主义依然活跃. 人民论坛，2019(2).
3. 赵世举. 全球竞争中的国家语言能力. 中国社会科学，2015(3)：105－118.

试论新时代网络语言舆情的干预策略

杨林成

上海教育出版社《语言文字周报》编辑部

摘　要　网络舆情引导是政府的基本职能之一，是执政能力的体现。文章探讨了新时代网络舆情的内容、特点，主张在维护语言表达的多元化和活力，对网络讨论保持宽容态度的同时，政府部门应采取必要的干预策略——治标之策与治本之策并重。治标之策包括：一、主管部门应建立完善的应急联动机制、纠错机制，以更好更及时地回应舆论的质疑；二、畅通网民表达意见的渠道，宣导消极情绪。治本之策包括：一、提高大众的语言文字素养；二、树立动态的语言文字观。

关键词　网络语言　舆情　干预策略

在分众传播的新时代，随着基于移动互联网、智能手机的传播技术的迅疾发展，网络语文舆情也呈现出了新的态势。网络语言文字舆情（以下简称“语言舆情”）的干预和引导工作，也需适应新的形势，标本兼治、多方合力，方能助力于和谐健康的社会语文生态的建设。

一、语言舆情生发的社会背景：大众传播进入社群传播的新纪元

未来已来。互联网、以手机为代表的移动终端使媒介化社会提早到来。媒介化社会中，全部社会生活、社会事件和社会关系都可以在媒介上展露。

人类社会的传播形态，已经历了“部落化”“非部落化”两个阶段，正在“重新部落化”。人们生活在一个多元化的部落生态中。随着移动互联网的迅疾发展，这些部落单元又进一步裂变，分化为形形色色、纷繁复杂的

社群。相比部落,同一社群中的人趋同性更强,不同社群之间差异化更大,社群间的联动也多样复杂。大众传播已进入社群传播的新时代:由过去的权威机构占据着传播的主渠道,对大众进行传播,发展为“多数人对多数人”的传播形态。人人都有麦克风。

微博、微信公众号、网络直播平台等网络新媒体,传播速度快、效率强、范围广,已日益成为各阶层利益表达、意见传播、情绪抒发的主渠道,是普通民众的代言人。政府主管、主导的传统主流媒体的影响力式微,在社会舆论的形成与发酵中已不再占绝对的优势。2019 年 11 月由中国人民大学国家发展与战略研究院发布的《5G 时代中国网民新闻阅读习惯的量化研究》报告指出,受访者阅读新闻使用最多的终端是智能手机,占 99. 82%;受访者每天获取新闻信息,75. 25%来源于微信群,39. 02%来源于抖音,26. 61%来源于今日头条,20. 03%来源于微博,纸媒、电视和其他只分别占到 0. 68%、6. 56%和 4. 24%。

新时代的网络语言文字舆情监管工作,必须顺应“社群传播时代”的特点,顺势而为,才能及时化解网络语言舆情,才能增强语言规划、语言政策普及传播的有效性。

二、网络语言舆情的内容与特点

(一) 网络语言舆情的内容

语言舆情,是指一定时期内,公众(包括民众和机构)对自己关心或与自身利益密切相关的语言文字公共事务的情绪、意愿、态度和意见交错的总和。比如,2018 年最大的网络语言舆情——“外婆”改“姥姥”事件。据报道,上海小学二年级的语文课本第 24 课《打碗碗花》,原文中的“外婆”全部被改成了“姥姥”。有网友找出了上海市教育委员会针对这一问题的答复:“姥姥”是普通话词语,而“外婆、外公”属于方言。这一答复,引发轩然大波。

从引发网络语言舆情的激体这一角度来分类,网络语言舆情可分为四类:

第一类,政府、机构语言规划、语言文字政策调整引发的热议。比如,2009 年 8 月的《通用规范汉字表》征求意见的舆情(2013 年 6 月国务院正式发布《通用规范汉字表》);2019 年 2 月的“《普通话异读词审音表(修订稿)》"舆情。

第二类,由公众人物、特别是文艺界名人所提话题引发的争论。比如简繁字之争。2008 年全国"两会"上,郁钧剑、宋祖英、黄宏、关牧村等 21 位文艺界的政协委员联名递交了一份《小学增设繁体字教育的提案》,建议从小学开始进行繁体字教育,将中国文化的根延续下去。2015 年香港演员黄秋生在微博中称:"在中国写中文正体字居然过半人看不懂,华夏文明在内地已死。"2015 年"两会",冯小刚关于恢复繁体字的提案,再次激起千层浪。冯导的提案只是"希望部分恢复有丰富含义的繁体字",但"拥繁派"不论青红皂白,把繁体简体完全对立——似乎繁体千般好,简体万般差;写繁体字就有文化,写简体字乃是糟蹋了传统文化。又比如"身份证语病"之争,源于《咬文嚼字》前主编郝铭鉴提出身份证用语用字存在"四个差错",引发了热议。

第三类,主流媒体、热播文娱节目中语言文字运用问题引发的议论。比如,2019 年 3 月 17 日,中国民航局航空安全办公室副巡视员周红接受央视采访,说及"737－700 系列、737－800 系列,以及 737－7、737－8"等内容时,她将"737－8"读为"737 减 8",一时引发网友的热议。

第四类,质疑语文教材、语文教育引发的大众辩论。比如,2018 年震动全网的沪教版小学语文教材"外婆改姥姥"事件,再次引发了方言与普通话之争。

(二) 网络语言舆情的特点

当下的语文生活,在网络空间显得尤其活跃。一面是充满活力,众声喧哗;一面是充斥着各种差错,十分混乱,甚至形成种种语言舆情。语言舆情具有两个明显的特征。

第一个特征,语言舆情的发源地主要是自媒体。这说的是广义的"自媒体"。在宽泛的语义环境中,自媒体不单单是指个人创作,群体创作、企业微博、微信等都可以算是自媒体。移动端用户不断增加,甚至是 PC 端用户的 2 倍之多;人们对于简单、快捷、趣味性内容的需求也随之增加,从碎片化阅读到短视频观看,中国的自媒体飞速发展。网络语言舆情往往有着具体的导火索(引发舆情的"激体"),大都源自自媒体。比如,2019 年 2 月,一个涉及面非常广的"字词改音"事件,就源于微信公众号"普通话水平测试"推送、微信公众号"中国播音主持网"等转发的一篇文章《注意！这些字词的拼音被改了》,以及随后跟进炒作的微信公众号“老马价值观”推送的网文《关于修改中国话致国家语委的公开信》。当时微信朋友圈广泛传播，引爆线上线下，形成了 2019 年首场语言文字重大舆情。有网友困惑：读书时期的“规范读音”现如今竟悄悄变成了“错误读音”，“少数服从多数，错的也成对的了，而对的反而成错的了”。有网友真诚地呼吁：“语言的形成是有一个漫长的过程的，古汉语作为国家的瑰宝，我们都应该尽力保护。一字多音自有其历史的、地域的、词义的等原因，千万不能简单粗暴去对待。简单粗暴可能会割断语言的脉络，不利于语言学家的研究工作，不利于文化的传承。特别期待语言文字工作委员会有更多的古汉语专家、方言专家，在推广普通话的同时尊重古汉语和方言。”大部分网友则表示：“不知道现在我们到底应该读哪个字音才算正确。”有网友发泄不满情绪，说：“一个机构搞这个事情就好了嘛，读音本来就是约定俗成的事情，约定了就不要变了。变来变去倒是养活了好多人，涉及好多利益，某些出版社的词典也改了一版又一版，卖好多次。浪费社会资源，唉！”也有人甚至在微信“评论”中叫嚷：语委专家刷存在感，“疯了”！对国家语言文字工作进行无端指责，借机撒气发火。

第二个特征，争论风格的广场化。随着网络的迅疾发展，普通民众表达意见的手段、渠道日益多样化。语言文字与各层次民众的生活息息相关，对他们的自身利益可能产生影响，因而评论参与度和关注度极高。每遇事件，一改以往专家式的学术性讨论，而变成全民参与式的七嘴八舌，普通公众任谁都可以说上几句，甚至拍上几砖。2018 年 10 月 25 日，微博热搜第一名的消息“小学语文教材拼音出错”说：有家长发抖音，质疑小学一年级语文教材中的拼音“chuā”没有对应的汉字，是误人子弟。其实，只要稍微严谨一点，翻查一下手头的辞书便能找到“chuā”的对应字“欻”。像这类无效、无端的质疑，既浪费了自己的精力，又消费了公众的时间，还可能导致部分网民们的认知混乱。

第三个特征，语言舆情中部分参与者的心态——泛娱乐化。商业化操控的大众传媒，助推了网络文化的“泛娱乐化”。处于社会底层的众多年轻网民，乐此不疲地以“娱乐”来解构价值，嘲弄、挑战权威。

第四个特征，意见领袖大抵是文化界的名流，是非语言文字专业人士、外行人。意见领袖在语言文字舆情的传播中扮演着重要角色。舆情传播中存在着两级传播现象。在信息传播中，信息输出不是全部直达普通受传者,有些只能先传达到其中一部分,而后再由这一部分人把讯息传递给他们周围的最普通的受众。有的讯息即使直接传达到普遍受众,但要他们在态度和行为上发生预期的改变,还须由意见领袖对讯息做出解释、评价,并在态势上做出引导或指点。

商业利益取向的新媒体、自媒体哗众取宠的做派、部分网民的浮躁与无知、个别语言文字专家的信口开河,合谋了一场又一场网络舆情。

三、应对、化解网络语言舆情的策略

舆情引导是政府的基本职能之一,是执政能力的体现。维护语言表达的多元化和活力,对讨论保持宽容的态度,这本没有错。但是对于一些恶劣的语文舆情,我们应保持警惕,有所作为,而不是听之任之。如何化解网络语言舆情?笔者的建议是,治标与治本并重。

(一)治标之策

1. 主管部门应建立完善的应急联动机制、纠错机制,以更好更及时地回应舆论的质疑

良性的姿态该是倾听呼声,顺应民意,有错就改。紧密团结新媒体、自媒体的大咖、大号,关注社会上的意见领袖,抓住牛鼻子,借力发力化解突发的语言舆情,屏蔽乱象。

"字词改音"舆情发生,教育部有关部门回应称:改后的审音表尚未通过审议,还应以原读音为准。舆情继续发酵。上海"语言文字周报"公众号第一时间捕捉到了这一舆情,推出重磅文章《闹剧该收场了》,匡谬正俗,正确引导了网络舆论,阅读量达到8 600多。他们的做法,得到了相关领导的关注和肯定。

当今社会,从权力结构上看是知识化的,在深层结构上是网络化的,在社会表现上则是媒介化的。媒体作为一个复杂的生态系统,是社会大系统的一个关键子系统——传感器,是社会大森林的"消息树"。新时代的语言文字事业,也需因应时代的特点;语文国家队和权威的语文新媒体应及时发声,澄清是非。

2. 畅通网民表达意见的渠道,宣导消极情绪

当今的中国社会,已经部分地落入"塔西佗陷阱"。所谓"塔西佗陷阱",得名于古罗马时代的历史学家塔西佗,来自他所著的《塔西佗历史》。

塔西佗在书中评价一位罗马皇帝时说："一旦皇帝成了人们憎恨的对象，他做的好事和坏事就同样会引起人们对他的厌恶。"之后，这一概念被学者们用来指称一种社会现象，即当政府部门或某一组织失去公信力时，无论说真话还是假话，做好事还是坏事，都会被认为是说假话、做坏事。社会公信力缺失，网络之外大众与政府、机构沟通的管道不畅。很多人尤其是年轻人焦虑失落，抱持着弱势心态，习惯性地质疑。一些人热衷于借助网络炒作社会阴暗面，在虚拟空间任意宣泄情绪，发表和分享负面信息。负面情绪如流水，在网络社群漫灌、肆虐，引发大范围的民间非理性情绪，借由语言文字话题发泄不满。

语言舆情一旦发生，政府主管部门应该第一时间发声，澄清事实，宣告说明，消除误解。

（二）治本之策

1. 提高大众的语言文字素养

加强语言政策的宣传力度、语言文字常识的普及，提高大众的语言文字素养。比如，2019 年 2 月的网红文章《这些字词的拼音被改了》引爆语言舆情，网上炸了锅，不少网民纷纷炮轰 2016 年的国家层面的审音工作。有常识的人都知道，这篇网红文章系"拿旧事当新闻，故作惊人语"。传播该文的作者虚构了事实。文中提到的读音改动问题，多数与 2016 年审音工作无关。有的是语音规范从来没有改变过的读音，其中一些字在古诗文中的民间变读，并未进入过规范读音和规范性词典；有的是上一次审音（1985 年）调整的读音，已成为语文规范三十多年。比如，网红文章说"一骑（qí）红尘妃子笑，无人知是荔枝来"中的"骑"，由于读错的人较多，现已更改拼音。新版教科书上的注音是"骑（qí）"。其实，1985 年版《普通话异读词审音表》就把"骑"统读为 qí。2016 年《普通话异读词审音表（修订稿）》只是维持原有审音表的稳定，并未做更改。

语文研究机构、语文工作者也应积极投身到语言文字的科普之中。多用活泼、轻松的网络语言来解释问题。

考察研究发现，有些语文舆情（如普通话与方言的关系、简化字与繁体字的关系、异读词的审音等）持续发生、扩散甚至爆发，与公众对语言政策存在一定的误读，语言政策的宣传力度、效度不够有关。由于宣传、普及不到位，许多网民对"假新闻"的识别力低，容易误假为真，导致舆论汹汹。

2. 树立动态的语言文字观

语言文字的规划，语文政策、规范的制定，既要符合普通话语音发展规律，也要酌情考虑广大群众学习普通话的便利，采取约定俗成、承认现实的态度，搞好语言规划工作。还要根据语言生活的发展变化和实际需要，对语文政策法规适时进行必要的补充和调整，提升语言文字的规范化、标准化水平；利用语言规划来从根本上预防、化解网络语言舆情。

网红文章《这些字词的拼音被改了》引爆的语言舆情，并未从根本上得到解决。政府有关部门应及时正式公布新版的《审音表》。为确保修订稿的科学性和可行性，《普通话异读词审音表》修订课题组曾公开发布了《普通话异读词审音表（修订稿）》征求意见公告，文本挂在教育部网站上，于2016年6月6日—25日面向社会公开征求意见。至今尚未正式公布。教育部语言文字信息管理司“2019年工作要点”中说，“服务语同音发展目标，发布《普通话异读词审音表（修订稿）》”。大众尤其是语文工作者都在翘首以盼。如何增强政府的公信力？增强主流媒体的公信力？希望有关部门加快工作进度，或做出相关说明。民众对事关《普通话异读词审音表（征求意见稿）》的假新闻议论纷纷，这在一定程度上也说明了社会各界对《普通话异读词审音表（征求意见稿）》的态度。网友留言说：“专家多想着普通话的科学规范，也得出了科学的结论，但确实没有充分考虑到传统的感受，比如‘一骑红尘妃子笑’的‘骑’，审音专家统读之为 qí 的理由充分，大家完全可以照此执行。但其中的格律平仄怎么办？读 qí 只会让我们远离传统文化。又有人说用普通话读古诗本来就不伦不类，一点‘尾巴’留不留都无所谓。话如果这样说，我们当初照有的观点，直接改拼音文字，用拉丁字母，用斯拉夫字母，我说甚至直接改用英语，从面向未来这个角度来看也是没有问题，甚至更好。但问题是，确实多数人割舍不下传统。相信审音专家的科学努力，但审音专家能补充一些东西，能兼顾普通话语音规范和传统就好了。”

3. 社会名人、专业类自媒体应爱惜羽毛，谨言慎行

一些名人哗众取宠，好作耸人听闻之语；一些自媒体为了博取流量，对转发的微信往往不加甄别。还有一些语文专家、学者，也有随意转发语文知识类微信的习惯。你问他们是否都赞成微信中的说法，他们会不

以为意地回答:“啊,没有细看,没有多想,随手转的。”专业类自媒体、专家学者,对社会语文规范的引导力强于一般人,责任也重于一般人,所以应该戒掉急于刷存在感的浮躁,动手先动脑,谨慎转发,减少错误知识的传播。

第三部分
语言规范与语言规划

国家语言治理能力建设70年：回顾与展望*

文秋芳

北京外国语大学　中国外语与教育研究中心/
国家语言能力发展研究中心

摘　要　在国家语言能力新框架中,国家语言治理能力是指“政府运用语言处理国内外两类事务的效力和效率”。这是国家语言核心能力和国家语言战略能力建设和发展的“大脑”,起着“总指挥”作用。文章聚焦国家语言治理能力,将新中国成立70年划分为三个阶段:(1)建设期(1949—1977年);(2)发展期(1978—1999年);(3)繁荣期(2000—至今),从机构体系构建、规划制定与实施、研究与交流3个方面,讨论各阶段所取得的成就与面临的挑战,并提出相应的对策建议。

关键词　语言政策　国家语言能力　国家语言治理能力　国家语言文字工作委员会

一、引　　言

根据文秋芳(2019)对“国家语言能力”的新解读,国家语言能力包括国家语言治理能力(以下简称“治理能力”)、国家语言核心能力(以下简称“核心能力”)和国家语言战略能力(以下简称“战略能力”)(见图1)。治理能力指“政府运用语言处理国内外两类事务的效力和效率”,核心能力指“处理涉内事务的语言能力”,战略能力指“处理涉外事务的语言能力”。

* 基金项目:国家语言文字工作委员会重大科研项目“‘国家语言能力’内涵及提升方略研究”(项目编号ZDA135-7)。原刊于《云南师范大学学报》2019年第5期。

这3种能力形成一个三角形,其中治理能力位于三角形顶端。这是国家语言能力建设和发展的"大脑",指挥着其他两种能力的建设和发展。文秋芳进一步指出,治理能力可以从三个维度来分析:国家语言治理机构体系构建(以下简称"机构体系构建")、国家语言规划制定与实施(以下简称"规划制定与实施")和国家语言生活研究与交流(以下简称"研究与交流")。

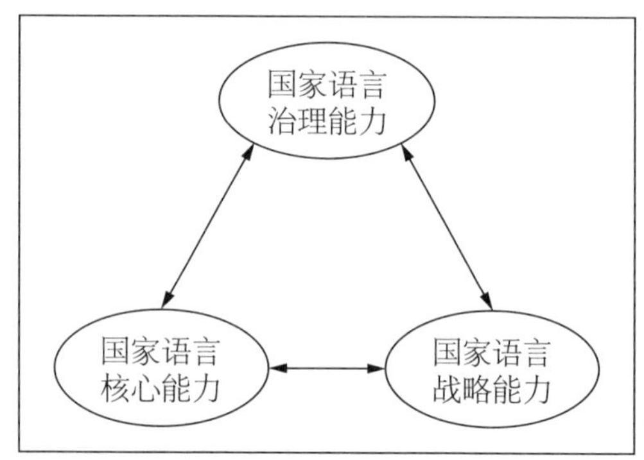

图1　国家语言能力的新框架

新中国成立70多年来,在治理能力建设方面积累了丰富的实践经验,体现了鲜明的中国特色。本文将梳理这方面的工作,总结治理能力发展的阶段性特点,旨在为国家语言治理能力的进一步发展描绘出清晰的起点和未来的目标。

二、治理能力的发展

回顾我国语言文字工作70年(1949—2019)发展情况,本文以中华人民共和国成立、"文化大革命"结束和《中华人民共和国国家通用语言文字法》审议通过为标志,将其划分为三个阶段:(1)建设期(1949—1977);(2)发展期(1978—1999);(3)繁荣期(2000—至今)。总体上,我国治理涉内语言事务的能力稳步提高。经过70年的努力,现已构建了较为完善的行政治理机构体系;制定并落实了多个语言文字事业发展的五年规划。进入新世纪,各方面工作更是朝着规范、系统、创新的方向发展,语言生活研究的顶层设计进一步优化,对研究成果的国内外交流力度明显加大,各方面工作呈现出一派欣欣向荣的景象。限于篇幅,本文聚焦涉内事务的语言治理,围绕"机构体系构建""规划制定与实施""研究与交流"三个方面，呈现各阶段的特点与成就。

（一）机构体系构建

“机构体系构建”指政府是否建立了自上而下的国家语言治理行政机构体系。我国国内语言事务的治理工作沿着两方面进行：国家通用语和少数民族语言。这两方面的工作时而分开、时而交叉。为了便于撰写，下文将依据两方面分别加以阐述。

1. 我国国家通用语事务

在建设期，国家通用语治理机构体系整体上处于初创阶段。尽管如此，中央政府因地制宜，采取了特殊的自上而下、自下而上、反复征求意见的方式，弥补了当时行政体系不健全的弱点。

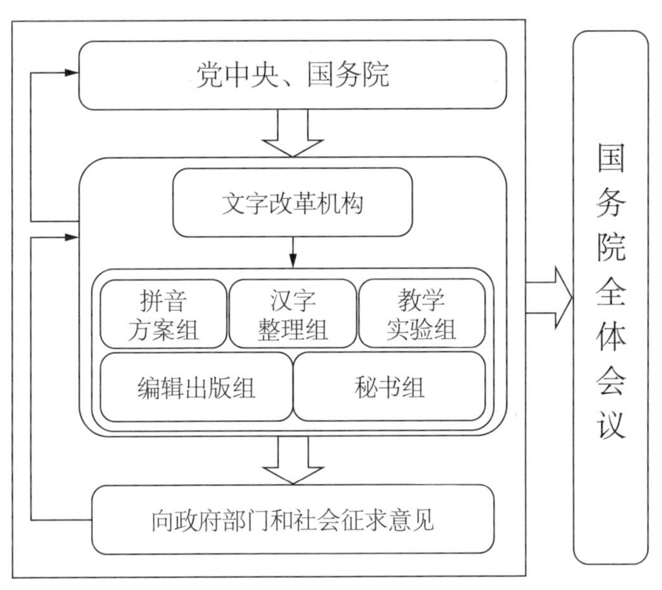

图 2　建设期国家通用语事务治理结构

图 2 大致展示了这一阶段国家通用语事务治理状况。位于图 2 中央的文字改革机构，虽几经更名，但中心任务未有根本变动。1949 年 10 月 10 日中国文字改革协会在北京成立，这是政府支持成立的首个研究文字改革的民间组织。（王理嘉 2009）1952 年 2 月 5 日更名为中国文字改革研究委员会，隶属于政务院文化教育委员会，内设拼音方案组、汉字整理组、教学实验组、编辑出版组、秘书组，（王均 1995）[60] 这是首个国家级文字改革研究机构。1953 年 10 月 1 日党中央成立了中央文字问题委员会，

主要任务是协调党内对于文字改革的不同意见,研讨文字改革工作上的重大原则和实行步骤,向党中央提供切实可行的意见。(王均 1995)[62]1954年12月23日中国文字改革研究委员会正式改为中国文字改革委员会(以下简称"文改会"),直属国务院领导。1956年1月28日中央推广普通话工作委员会成立,具体工作由文改会负责,不另设机构。1956年6月文字出版社成立,专门出版文字改革和语言文字书刊。1956年8月《拼音》杂志创办,1957年8月改名为《文字改革》。(王均 1995)[81-82]1966—1971年由于"文化大革命",文改会工作被迫停止。1972—1976年在周恩来总理的指示下,文改会职能逐步恢复,普通话推广工作得以延续。

上述这一体系具有两个显著特点:第一,文字改革机构的工作直接受党中央、国务院的领导,其文字机构人员与中央领导循环互动,反复斟酌和打磨各种将要出台的文字改革方案,文字改革出版社为文字改革机构服务,宣传其方针、政策。例如,就汉字简化方案,毛泽东做过两次批示。第二,文字改革机构拟订的草案获得中央领导同意后,立即向各相关政府部门和全社会征求意见,集思广益,对草案进行多轮讨论和修改,直至获得国务院全体会议正式通过。

在发展期,我国语言事务治理逐步形成了国家级与省/区/直辖市的两级机构体系。截至1979年,全国已有27个省/区/直辖市成立了文字改革的专门机构、临时领导机构或指定机构,完成中央布置的有关文字改革任务。(王均 1995)[106]1984年国务院批准成立语言文字应用研究所。(费锦昌 2005)[37]1985年12月文改会经国务院批准更名为国家语言文字工作委员会(以下简称"国家语委")。其主要职责是:贯彻执行国家关于语言文字工作的方针、政策和法令,促进语言文字的规范化、标准化,继续推动文字改革工作,做好相关的社会服务工作。(费锦昌 2005)[50]1986年2月原国家教育委员会(以下简称"国家教委")推广普通话办公室正式划归国家语委。1986年3月《文字改革》杂志更名为《语文建设》,由国家语委主办,成为向社会宣传国家语言文字政策、方针等的刊物。(费锦昌 2005)[55]1990年5月国务院批准国家语委正式成立文字应用管理司。(费锦昌 2005)[82]1998年国务院机构改革,国家语委由教育部领导,对外仍旧保留语委的牌子,内设语用司和语信司。表1列出了这一时期从文改会到国家语委的机构变迁情况。由此可以看出,从改革开放之初至世纪之交,我国国家层面的语言治理体系在不断探索中逐步完善。

表 1　发展期国家语言文字机构的变迁(王均 1995;费锦昌 2005)

年代	国家层面文字改革机构的变化
1980	根据国务院精神,文改会人员增补了10人,由20名委员组成;将文字改革出版社更名为语文出版社,直属文改会领导;普通话推广工作正式划归教育部。
1984	成立语言文字应用研究所(简称语用所),接受中国社科院和文改会双重领导,以社科院为主。
1985	文改会改为国家语言文字工作委员会,由26名委员组成。
1986	原教委属下的推广普通话办公室划归国家语委。
1990	国家语委内设普通话推广司、文字应用管理司。
1991	国家语委公布经国务院批准的国家语委委员名单37人。
1994	国家语委设立宣传政策法规室;国务院批准调整后的国家语委委员名单33人。
1995	国家语委机关进行调整,普通话推广司改名为语言文字应用管理司,文字应用管理司改名为中文信息司,信息司下设信息处和文字处。
1998	国务院机构改革,国家语委并入教育部,对外仍旧保留国家语委的牌子,内设语言文字应用司(简称语用司)和语言文字信息管理司(简称语信司),每个司下设两个处。
1999	国家语委调整国家语委科研规划领导小组和语言文字规范审定委员会,科研办设在教育部语信司规划协调处,审定会办公室设在语信司标准处。

在繁荣期,以国家语委为主体的语言事务治理体系已基本完善(见图3)。整个体系由国家和地方两个层面构成。国家层面有教育部和国家语委。国家语委是规划、统筹国家语言文字事业的职能部门。国家语委委员单位由29个党政部门、社会团体等组成。依据"语委统筹、部门协同、专家支持、社会参与"的工作机制,国家语委每年召开一次全体委员单位代表会议,报告每年的工作情况和来年的工作计划。下设机构有"两司""一所""一社"。"两司"指语用司和语信司,负责承办国家语委布置的具体工作。每个司内设两个处:语用司设立了"政策法规与督查处"和"宣传推广和教育处";语信司设立了"规划协调处"和"标准处"。"一所"指语用所,专门研究有关语言文字应用问题,内设多个处、室和中心,还负责出版《语言文字应用》杂志。"一社"指语文出版社,服务于语言文字出版工作。

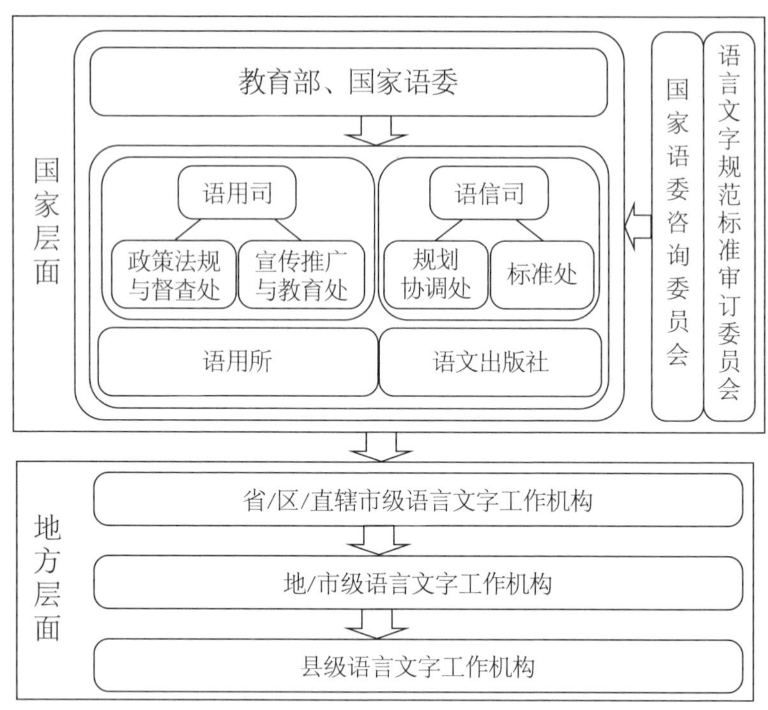

图 3　国家语委主导的国家语言能力治理机构体系(文秋芳 2019)

2000 年 12 月 13 日,首届国家语委咨询委员会成立,2019 年 3 月 18 日调整了委员人数,由 17 名增加到 27 名。2001 年 11 月 23 日,新世纪第一届语委语言文字规范(标准)审定委员会成立。这两个委员会都是国家语委的高层智囊团。前者重点对国家语言文字重大问题、热点问题建言献策,就国家语委的年度工作和未来计划给予评价和建议;后者主要负责审定语言文字标准,为语言文字规范化、标准化工作咨政建言。

在地方层面,除了省/区/直辖市级,地/市级、县级机构也基本建成,从而形成了省、市、县三级自上而下联动的语言文字机构体系,对接国家层面的国家语委工作。截至 2016 年,全国除港澳台地区以外的 31 个省/区/直辖市和建设兵团都设有省级语言文字工作机构;地、市行政机构共有 2 238 个,另有 277 个地、县级无行政机构,但有明确人员负责。(国家语言文字工作委员会 2018)[149-151]

2. 我国少数民族语言事务

在新中国成立初期的建设期,只有 9 个民族有文字体系和相应读物,

5 个民族有文字但无相应读物，4 个民族有文字但未普遍使用，还有相当一部分民族无文字。（周庆生 2002）1951 年 2 月中央政府颁发文件，要求设立机构帮助少数民族创建文字。于是，同年 10 月“少数民族语言文字研究指导委员会”成立，隶属于国务院，其任务是“指导和组织关于少数民族语言文字的研究工作，帮助尚无文字的民族创立文字，帮助文字不完备的民族逐渐充实其文字”。（史筠 1988；周庆生 2002）1954 年后，该委员会由中华人民共和国国家民族事务委员会（以下简称“国家民委”）负责管理。（陈章太 2015）[191] 为了确保少数民族语言文字创建工作的顺利完成，截至 1959 年，全国成立的民族语言文字工作机构已达 11 个。（周庆生 2002）这比国家通用语省级工作机构体系的建设提早 10 多年。可见中央对少数民族语言文字创建和改革工作极其重视。为了解决同一种少数民族语言跨省区使用的复杂情况，民间还出现了被政府认可的民族语文协作组织，后成为政府的议事协调机构。这种跨省区的协作组织解决了同一民族在不同省区的民族教育、文化领域发展中遇到的实际问题。根据 1974 年国务院发出的《关于内蒙古自治区蒙古语工作问题报告的批复》（国发［1974］3 号）精神，1975 年 5 月成立了八省区蒙古语文工作协调小组。（苏培成 2010）[790]

在发展期，民族语文协作组织继续增加。从 1977 年起，东北三省建立了朝鲜语文出版、朝鲜文教材、朝鲜语文三方面的协调机制。后经三省协商，1989 年正式成立了东北三省朝鲜语文协作领导小组（简称“朝三协”），主要负责民族教育和朝鲜文字的规范化、标准化和信息化，还协调朝鲜文字的调查和相关学术研究。1982 年 3 月在国家民族事务委员会（以下简称“国家民委”）和国家教委的协调下，成立了西部五省区藏文教材协作领导小组，主要负责编译不同教育层次、不同学科的藏文教材，实现了藏文教材的全覆盖，做到“配套建设、同步供书、课前到书、人手一册”。1993 年，在昆明成立了西南四省区彝文协作机构，办公室设在云南省少数民族语文指导工作委员会。协作的主要成果有两项：一部《彝文字典》和一部《彝文字集》。（苏培成 2010）[790] 1998 年“少数民族语言文字研究指导委员会”归国家民委领导，指导少数民族语言文字的翻译、出版工作；少数民族语言文字的规范化工作由语委负责。（陈章太 2015）[190-191] 由此可见，国家语委和国家民委的工作有一定交叉。

进入繁荣期后，国家民委的少数民族文字工作在深度和广度上都有了明显拓展。2013 年 4 月 9 日国家民委民族语文工作专家咨询委员会(以下简称"国家民委咨询委员会")成立,包括 11 个语种,涵盖民族语文理论政策、民族语文应用研究等领域的知名专家学者。2017 年 12 月完成了国家民委咨询委员会的换届工作,新增了语言规划、政治学、法律学、历史学、管理学等领域的著名专家。[1]

图 4 描述了我国现有的少数民族语言治理机构体系。在国家层面,隶属国家民委的教育科技司内设有民族语文处,具体负责与少数民族语言相关的事务。同时国家民委咨询委员会是我国少数民族语言文字工作的智囊团,为国家民委献计献策。地方层面既有与国家民委语文工作处对接的区(市)语文工作机构,又有跨省区的民族语文协作机构。这种协作机构能够更好完成单一省区难以完成的任务。需要说明的是,教育部下设了民族教育司,该司还有双语教育处。[2] 由此可以看出,国家民委与国家语委、教育部在民族语言文字工作方面有重叠和交叉。

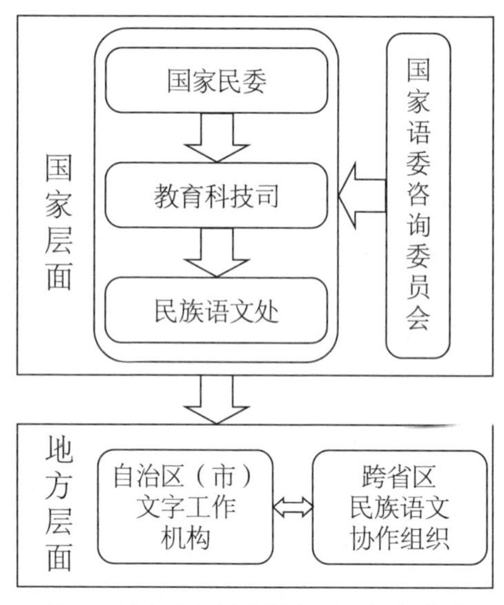

图 4　国家少数民族语言事务治理体系

(二) 规划与实施

我国国民经济至 2019 年已有 13 个五年规划,语言规划起步相对较晚。国家语委的语言文字工作规划始于"七五"规划(1986—1990),其后我国语言规划基本能与国民经济规划同步制定。国家民委的少数民族语言文字工作仅有"十三五"规划(2016—2020)。下文将分别描述国家语委和国家民委两个系统制定的规划与实施情况。

1. 国家语委的规划与实施情况

迄今为止,国家语委已制订了多个语言文字规划。每个规划大致包括四部分内容:(1) 前期主要成绩;(2) 新规划的主要目标;(3) 新规划的主要任务;(4) 完成新任务的保障措施。比较已有规划,可看出国家语委的规划种类不断增加,规划覆盖内容不断拓展,规划重点越来越突出,拟完成的任务越来越具体、明确。总体而言,与发达资本主义国家不同的是,我国语言文字规划最显著的特点是具有长远性、连贯性与持续性。

在建设期,中央政府虽未就国家通用语制定过专门规划,但这一期间,目标明确,任务具体,其中包括简化汉字、设计汉语拼音方案和推广普通话。

在发展期的初期,各部门都忙着"拨乱反正",基本上无暇顾及规划制订。从 1986 年开始,也就是 20 世纪最后的 15 年,语言文字规划开始进入议事日程。首先,国家语委拟订了"七五"规划(1986—1990)。1991 年公布了十年规划(1991—2000),随后公布了"八五"和"九五"规划。从语言规划学角度来看,这一时期规划内容以"地位规划"和"本体规划"两个维度为主。1982 年 11 月全国人大通过的中华人民共和国宪法中,明确规定了"国家推广全国通用的普通话"条款,因此推广普通话、推行《汉语拼音方案》一直是"七五""八五""九五"规划中的首要任务。第二大任务是推行已公布的汉字简化字、规范现代汉语词汇和科技名词术语的使用。从"八五"规划开始,增加了有关语言文字信息化的新任务,提出要建设大型汉语语料库,加强科学研究。

在繁荣期,我国语言文字规划工作呈现出一派欣欣向荣的景象。随着《国家通用语言文字法》颁布实施,语言文字工作步入了法治轨道。这一阶段的规划制定与实施更为系统、全面。从内容上看,与前期规划相比有两大不同点:第一,从"十一五"规划颁布起,推行《汉语拼音方案》不再是主要任务。这表明该任务已在 2006 年之前基本完成;第二,从 2012 年起,规划内容增加了"弘扬传播中华优秀文化"。这一变化反映了国家语委积极响应十八大报告中提出建设社会主义文化强国的号召。

从规划实施来看,"十三五"规划实施的力度显著增强。与前面规划不同的是,国家语委编制了"十三五"规划的分工执行方案。该方案将"十三五"规划中的 6 项任务,逐项分解为若干子任务,并列出了每项任务的牵头单位和参与单位。根据《教语用函[2016]6号》文件精神，制定分工方案的目的是为了“对规划当中提出的任务目标进行明确的责任分工”，遵循的基本原则是“政府主导、语委统筹、部门支持、社会参与”，对目标和任务的详细分解，为顺利完成“十三五”规划中提出的各项任务提供了有力保障。这是新中国成立以来我国语言文字事业工作首个落实计划的执行方案。这就好比造房子，不仅有设计图纸，而且有施工方案，从而确保“十三五”规划制定的蓝图能够变为现实。笔者认为，这是繁荣期最为突出的亮点。

2. 国家民委的规划与实施情况

在“十三五”规划之前，国家民委未制定有关少数民族语言文字的五年计划，因为少数民族语言使用规范化、标准化和信息化的工作由国家语委负责。之所以再次强调民委的职责，是源于2014年中央召开的民族工作会议。会上习近平做了重要讲话，对民族地区语言相通、干部群众双语学习等工作做出了重要部署。这为深入抓好民族语文工作指明了方向。为了更好地贯彻中央民族会议精神和习近平的重要讲话，国家民委于2015年初启动了“十三五”规划的编制工作，整个编制过程历时近两年。编制组进行了多次调研，征求了五轮意见，还通过一次合法性审查，最后提交国家民委委务会审议并获得通过。

2017年3月国家民委公布了《“十三五”少数民族语言文字工作规划》。这是首份有关民族语文工作制定的规划，其内容包括四部分：(1) 指导思想与基本原则；(2) 发展目标；(3) 主要任务与重点项目；(4) 组织实施和保障措施，其中占篇幅最大的是第三部分。每项任务和每个项目后都注明了牵头单位和参与单位。以第一项任务为例，列出的牵头单位是民委下属的教育科技司，参与单位是民委下属的政法司、文宣司以及各有关地方民族语文工作部门。为了更好地宣传“十三五”规划，国家民委教育科技司长还在国家民委网站上撰文，专门介绍了“规划”制定的指导思想、背景、过程和意义等。

（三）研究与交流

体现国家语言治理能力水平的第三个维度“研究与交流”是指“政府语言治理机构体系能否组织学者系统研究社会语言生活，搭建国内外研究成果的交流平台”。新中国成立70年来，我国语言治理能力在这一维度上呈现明显的阶段性特点。

在建设期(1949—1976),文改会面临着汉字简化、汉语拼音方案设计和普通话推广的艰巨任务。这些任务本身就是庞大的科研项目,需要广泛发动群众,凝聚各方智慧,集中力量攻克难关。然而当时人们并未有显性的科研意识。

在发展期拟订"七五"规划(1986—1990)时,政府开始将语言生活的科学研究提到议事日程上来。(陈乃华 1986)经国务院批准,国家教委和国家语委于1986年1月6—13日在北京召开了全国语言文字工作会议。时任国家语委主任刘导生在做"新时期的语言文字工作"报告时,特别指出"加强科学研究,开展学术交流"(刘导生 1986)。1986年9月在北京召开了"七五"期间语言文字工作规划会议。该会议强调:结合语言文字工作的需要,大力开展基础研究和应用研究是"七五"期间的重要任务之一。在会议期间,语委还邀请了部分代表与参会专家学者专门讨论了《"七五"期间语言文字科研项目表(1986—1990年)》。这是语委作为国家语言治理机构首次把"研究与交流"列为重要任务,在"八五"和"九五"规划中都有类似文字的表述。这个阶段对科研工作进行顶层设计还刚刚起步,处于逐步完善的过程中。

繁荣期的语言生活研究与成果交流有了跨越式的发展。组织研究语言生活成了国家语委常态化工作的一部分,建立了完善的科研领导机构,制定了详细的管理办法,设计了研究规划和措施,设立了科研基地和智库,培养了一批优秀中青年语言文字工作者。同时,国家语委开展了多种形式的研究成果交流,例如组织出版系列皮书、举办国内外学术会议等。这一切都充分彰显出我国国家语言治理能力在科学研究与交流方面攀上了新高峰。下文将分别阐述"语言生活研究"与"成果交流"两个方面。

1. 语言生活研究

国家语委的工作进入繁荣期后,语言生活研究体现了"依规管理、科研支撑、队伍培养"三大特点。

第一,建立了科研领导机构、制定了科研管理章程、公布了多个五年科研规划、设立了21个科研基地,培养了科研队伍,使语委的科研工作进入了规范化、制度化、体系化的可持续发展新阶段。2001年8月教育部、国家语委印发了《国家语文文字工作委员会科研规划领导小组的职责与构成》,文件中明确了国家语委主任担任组长,语信司和语用司负责人担任副组长，成员为语用所、语文出版社、中科院语言研究所、中科院民族学与人类学研究所负责人，其职责为：(1) 领导、规划、部署国家语委的科学研究工作，拟定国家语言文字工作科研方向，编制科研项目指南和科研规划，制定年度科研计划；(2) 决定国家语委重大科研项目的立项；(3) 对国家语委立项的科研项目进行阶段性检查、评估；(4) 制定科研基金管理办法和科研成果奖励办法。同期，教育部、国家语委还印发了《国家语言文字工作委员会科研项目管理办法》，对科研项目的申请、立项、成果鉴定、经费管理与使用、成果的所有权与使用形式都做了详细规定。

第二，向社会公布了与文字工作规划配套的“十五”“十一五”“十二五”和“十三五”科研规划。每个规划主要包括：指导思想和发展目标、重点研究方向和保障措施等。

第三，根据语委工作需要，在全国建设了科研基地。2004—2019 年，国家语委先后与高校、地方研究机构共建了 21 个科研基地。(国家语言文字工作委员会 2019)每个基地根据语委规划，聚焦研究重点，开展课题研究，为语委工作提供科研支撑。

第四，有计划、有步骤培养优秀中青年文字工作者。迄今为止，国家语委一共举办了 5 期语言文字应用优秀中青年学者研修班，每期时长一星期。2014—2016 年和 2018—2019 共举办了 5 期，受训成员达 200 多名。研修内容涵盖我国语言文字政策法规、语言文字规范标准体系、语言学的新使命、人工智能与语言信息化处理、语言资源保护、民族语文政策、汉语国际传播等。2017—2019 年与国家留学基金委联合组织了 3 期“语言文字中青年学者出国研修项目”，邀请了英国 10 多所大学的 26 位授课专家。课程内容涵盖 7 个板块：语言政策与规划、语言教育与教学法、语言保护与文化多样性、语言服务与传播、语言资源监测与研究、国外教育体制、语言学理论前沿。(国家语言文字工作委员会 2019a)这一批批研修班毕业的学员，为我国青黄不接的文字工作队伍输送了新鲜血液，补充了有生力量，有些已成了中青年骨干。

国家民委于 2012 年 12 月 12 日公布《国家民委科研项目管理办法》，从 2013 年 1 月 1 日实行，2017 年 4 月又做了进一步修订。[3]国家民委科研项目分为招标项目、委托项目和后期资助项目等类别。从 2015 年起，国家民委也举办了 5 期全国民族语文应用研究中青年学者研修班，学习方式及其功能与国家语委研修班很相似。

2. 科研成果交流

在建设期和发展期，人们对语言生活研究成果的交流还缺乏意识，无计划、无系统。进入繁荣期后，情况大为改观。第一，国家语委组织学者编撰了白、绿、蓝、黄的“语言生活皮书”年度系列，向国内外展示我国对语言生活研究的成果。(国家语言文字工作委员会 2019b)第二，国家语委组织举办不同级别和类型的语言文字学术会议，积极推动了中外交流与合作。

在“语言生活皮书”中，绿皮书《中国语言生活状况报告》是国家语委组织的首套皮书，2004 年筹编，2006 年出版。该皮书主要报告我国每年发生的语言生活重大事件、热点事件及各种调查报告和实态数据。2016 年开始出版蓝皮书《中国语言政策研究报告》，主要报告及评述有关中国语言政策及规划方面的学术研究状况，为未来研究提供参考。2016 年开始出版黄皮书《世界语言生活状况报告》，主要介绍当年世界各国和国际组织语言生活中发生的重要事件和热点问题，为我国语言生活决策提供借鉴。2017 年出版了《中国语言文字事业发展报告》首部白皮书，主要宣传介绍国家有关语言文字方面的政策主张，用数据、事实来说明国家当年在语言文字事业中取得的成就。迄今为止已经出版了 3 部，为国内外读者及时了解我国语言文字事业的建设和发展提供了丰富的一手资料。这 4 个系列皮书各有侧重，相互补充，描绘出一幅完整的语言生活画卷。从共时角度看，这些皮书可以为政府决策和学者研究提供参考；从历时角度看，可以为研究语言生活的变迁提供真实数据，为语言规划学的研究提供丰富史料。

除了定期出版“语言生活皮书”年度系列以外，国家语委配合政府和联合国教科文组织召开了多个国际学术会议，有力提升了中国在国际语言文字工作中的话语权。一种是世界性大会，另一种是两国之间的学术交流。世界性大会有 4 个：第一个是 2014 年 6 月 6 日在苏州召开的“世界语言大会”，(国家语言文字工作委员会 2015)第二个是 2017 年 9 月 11—13 日举办的中国北京国际语言文化博览会(简称语博会)，第三个是 2018 年 9 月 19—21 日在湖南长沙举办的世界语言资源保护大会，第四个是 2018 年 10 月 25—28 日举办的第二届“语博会”。国与国之间的语言政策研讨会已分别在中德、中法、中俄两国之间举办。2012 年 9 月 3 日在北京召开了首届中法语言政策与规划研讨会，2014 年 9 月 29 日在巴黎召开了第二届，2016 年 11 月 1—2 日在北京召开了第三届；2013 年 12 月 8

日在北京召开了“中德语言文化政策高层论坛”;2015 年 3 月 30 日至 4 月 6 日,在中国举办了“中德语言文化研习之旅”;2018 年 11 月 15—16 日在俄罗斯圣彼得堡举办了首届中俄语言政策论坛。

三、总结与建议

新中国成立 70 年来,我国国内语言事务治理能力的建设和发展稳步前行,取得了举世瞩目的成就。但与我国经济与政治发展的需求相比,仍有明显的不足之处,亟待改进。本文认为未来可从以下四个方面采取措施,进一步提升治理能力。

(一) 彻底解决地县两级机构落实不力现象

就“治理机构建设”而言,我国经历了从无到有、从小到大、从虚到实、从中央到地方逐层完善的过程。建设期仅有国家层面行政机构(即文改会)的运行,发展期扩展为双层行政机构(即国家级和省/区/直辖市级),繁荣期进一步向下延伸,基本形成了四级行政机构(即国家级,省/区/直辖市级,地/市级,县级)。这为国家内部语言治理提供了重要的组织保障体系。不足的是,目前地县两级机构仍旧有 21.65%未得到落实。(国家语言文字工作委员会 2018)[151] 建议国家语委和国家民委加强沟通协调,采取措施,定出时间表,有计划、有步骤地消除盲点,健全与完善的行政机构体系能够成为语言文字事业发展强大的组织力和推动力。

(二) 增进国家语委和国家民委之间的协同

就“规划制定与实施”而言,从建设期无书面规划,到发展期的语言文字规划与国民经济规划同步制订,再到繁荣期的语言文字规划内容愈加丰富,操作性和可评估性逐步增强。就“研究与交流”而言,建设期面临汉字简化、拼音方案设计和普通话推广三大艰巨任务,无暇组织研究和学术交流活动;发展期已经将语言文字研究工作的组织提到议事日程,但缺乏系统规划;进入繁荣期后,语言文字科学研究有了较为完善的顶层设计,国家层面的行政治理机构的活力和执行力得到充分体现。但“十三五”语言文字工作规划由国家语委和国家民委分头制定,科研项目申报和管理各有一套体系和办法。很显然这两家单位的规划和课题设立有明显的重叠与交叉。建议两家机构通过有效沟通,合作制定规划和设立研究课题,分头贯彻执行,以降低行政成本和提高工作效率。

(三) 加强国家对涉外语言事务的治理能力

根据国家语言能力新框架,(文秋芳 2019)与涉外事务相关的语言能力大致可分为四个方面:国家外语教育、国家通用语的国际拓展、国家话语的对外表达、国家语言人才资源掌控。总体上说,我国对涉外语言事务的治理能力还显得薄弱。从机构建设来说,目前还缺乏统一行政机构治理涉外语言事务。就我国外语教育而言,不同学段、不同类型的外语教育由教育部不同部门负责。基础教育司负责义务教育和高中阶段的外语教育,职业教育和成人教育司负责中职外语教育,高等教育司负责高校本科院校和高职高专的外语教育,整体上缺少"一条龙"理念。汉语国际传播既有国家汉办在全世界推动孔子学院和孔子课堂的建设与运行,又有高教司调动资源建设汉语国际教育专业和硕士、博士学科点。中国如何有效表达对外话语,看上去是语言使用问题,不涉及行政机构的治理;事实上既是实践问题,又是理论问题,迫切需要有国家层面的行政机构组织对其进行系统深入研究,并将成果转化为有效国家行为。国家掌控语言人才资源,需要有完善的人才资源动态数据库。这是一个巨大的国家工程,需要有充足的行政资源和强大的组织力。目前我国对上述四方面有关国家语言战略能力建设的工作还缺乏有力的行政治理体系。建议扩大现有国家语委功能,统一治理涉内涉外与语言相关的事务,把提升国家语言能力的任务落到实处,同时不需要增设新机构。

(四) 积极组织对国家语言治理能力的研究

与美国相比,我国有着明显的制度优势,行政机构体系完善,规划具有系统性、长期性和延续性,对社会语言生活的研究与交流具有强烈的顶层设计意识与超常的执行能力。但我们在国家语言治理能力研究上还缺少系统的理论建树。建议花气力组织学者从历时和共时两个角度,对我国语言事务治理实践进行梳理和凝练,提出具有中国特色的国家语言事务治理理论,在国际学界发声,提高我国的话语权。

四、结　　语

本文回顾了新中国成立70年来我国在国家语言治理能力方面所取得的成就,并提出了应对不足的四点建议。国家语言治理能力是提升国家语言能力的前提,具有全局性和统领性的特点。随着我国对国家语言能力提升要求的日益增长,国家语言治理能力的发展必须先行。目前我国治理国内事务的语言能力已经走在世界前列,但治理涉外事务的语言能力还远远落后于一些发达国家。我国缺少处理涉外事务的语言治理机构体系,又无系统的涉外语言规划。在和平和发展为主流的大背景下,用语言进行对话、谈判仍旧是解决世界各种争端的主要途径。因此在巩固和发展国家涉内事务的语言治理能力的同时,我们必须花大气力提升我国涉外事务的语言治理能力,为建设和发展中国国家语言战略能力提供强有力的行政保障。

强国必强语,强语助强国。(杜占元 2017)在百年未有之大变局中,中华民族的伟大复兴需要强大的国家语言能力作支撑。这需要我国各级政府、学界、全社会上下联动,协同努力,为之不懈奋斗。

附　注

[1]　中国民族宗教网. 国家民委第二届民族语文工作专家咨询委员会成立[EB/OL]. http://www.mzb.com.cn/html/report/180121164 - 1.htmhttp://www.seac.gov.cn/seac/xxgk/201803/1073363.shtml.

[2]　中华人民共和国教育部. 民族教育司内设处室[EB/OL]. http://www.moe.edu.cn/s78/A09/s3376/201811/t20181116_355013.html.

[3]　国家民族事务委员会. 国家民委科研项目管理办法[EB/OL]. http://www.seac.gov.cn/seac/xxgk/201212/1065216.shtml.

参考文献

1. 陈乃华. 国家语委和国家教委联合召开“七五”期间语言文字工作规划会议. 语文建设,1986(6).
2. 陈章太. 语言规划概论. 北京:商务印书馆,2015.
3. 杜占元. 普通话助力建设语言文化强国. 语言文字周报,2017-11-22.
4. 费锦昌. 新时期语言文字工作记事. 北京:语文出版社,2005.
5. 国家语言文字工作委员会. 中国语言生活状况报告. 北京:商务印书馆,2015.
6. 国家语言文字工作委员会. 中国语言生活状况报告. 北京:商务印书馆,2019.
7. 国家语言文字工作委员会. 中国语言文字事业发展报告. 北京:商务印书馆,2018.
8. 国家语言文字工作委员会. 中国语言文字事业发展报告. 北京:商务印书馆,2019.
9. 刘导生. 新时期的语言文字工作. 语文建设,1986(Z1).

10. 史筠. 民族法律法规概述. 北京：民族出版社，1988.
11. 苏培成. 当代中国语文改革和语文规范. 北京：商务印书馆，2010.
12. 王均. 当代中国的文字改革. 北京：当代中国出版社，1995.
13. 王理嘉. 汉语拼音 60 年的见证与前瞻. 语言文字应用，2009(4).
14. 文秋芳. 对“国家语言能力”的再解读——兼述我国国家语言能力建设 70 年的成就及不足. 新疆师范大学学报，2019(5).
15. 周庆生. 中苏建国初期少数民族文字创制比较. 民族语文，2002(6).

新中国语言文字事业的历程与成就*

张日培

上海市教育科学研究院国家语委国家语言文字政策研究中心

摘　要　文章将新中国语言文字事业发展分为推行文字改革、强化语言规范、促进语言和谐、构建语言战略4个时期,回顾其演进历程;将70多年来的工作归纳为整理简化汉字与汉字规范、推广普通话与现代汉语规范、制订推行汉语拼音方案及其规范使用、语言文字信息化、语言文字法治建设、科学保护各民族语言文字、语言服务、中华语言文化传承传播8个方面,简述了其主要成就。新中国语言文字事业发展的经验与特点主要包括:守正创新,开拓进取;融入大局,顺势而为;统筹兼顾,科学作为。

关键词　新中国　语言文字事业　语言规划

一、引　　言

语言文字事业是中国特色社会主义文化建设的重要内容,旨在促进语言文字在国家建设和社会生活中更好地发挥作用。新中国成立以来,我国语言文字事业开拓进取,砥砺前行,取得重大成就。

学界关于新中国语言文字事业发展史的研究成果丰硕。王均(1995)、苏培成(2010)、费锦昌(1997)等在不同时间节点上进行了系统记录与描述;姚亚平(2006)、郭龙生(2008)、李海英(2015)等基于实践进行了理论探讨;陈章太、谢俊英(2009)回顾了60年发展史,探讨和反思了不同阶段的特点、经验与不足;周庆生(2013)从主体性和多样性的视角对

---

* 本文原刊于《语言战略研究》2020年第6期。是教育部哲学社会科学研究重大课题攻关项目"新时代国家语言文字事业的新使命与发展方略研究"(项目编号18JZD015)之子课题六"面向未来的语言文字规范化标准化研究"成果之一。

语言政策发展脉络进行了梳理，黄行（2015）聚焦“现代汉语规范化”探讨了历史与现状。近期，李宇明（2019）探讨了70年来语言规划和语言研究对语言生活的深刻影响，周庆生（2019）综述了70年来的语言政策研究情况，郭熙（2019）在讨论中国语言生活特征和走向时回顾了70年间的重大语言事件，张洁（2019）和苏培成、李宇明、张日培（2020）梳理了70年来开展的主要工作。

本文立足事业全局、覆盖全部时段、侧重政策实践，简述新中国成立以来的事业发展历程与主要成就。在此基础上，思考讨论事业发展的主要特点，以期通过解读70多年事业发展的演进逻辑，勾勒几代人接续奋斗的壮阔图景，激励语言文字事业在全面建设社会主义现代化强国的新征程上不断向前。

二、发 展 历 程

关于语言文字事业的发展历程，已有研究或以新中国建设发展史分期（如1978年改革开放）为参照，或以语言政策重大调整（如1986年提出新时期语言文字工作方针、2006年提出构建和谐语言生活）为基准，或以语言规划重大事件（如1986和1997年两次全国语言文字工作会议、2000年颁布《国家通用语言文字法》）为界标，进行了“大体相同但细节处理不尽一致”的历史分期，各自形成逻辑自洽的分析体系，从不同侧重点展现了学界和相关机构对我国语言文字事业的深刻理解。

本文分为“推行文字改革”（1949—1985）、“强化语言规范”（1985—2000）、“促进语言和谐”（2000—2012）、“构建语言战略”（2012至今）4个时期。第一和第二个时期，考虑到“文字改革”术语的提出、使用和淡出，将1985年“中国文字改革委员会”改名为“国家语言文字工作委员会”作为分界点。第三个时期，虽然2006年正式提出“构建和谐语言生活”，但就其“统筹兼顾语言主体性和多样性”的政策内涵而言，我国语言主体性建设力度在法治框架下的进一步加大和对语言多样性问题的关注及相关探索实践，实际上在世纪之交几乎同步发生，因此将分界点设定在2000年。第四个时期，已有研究一般不单独讨论，本文在梳理过程中发现，近年来我国语言文字事业不断拓宽视野，积极改革创新，工作内容极大丰富，在“服务国家发展战略”方面形成鲜明特色。

（一）推行文字改革时期（1949—1985）

文字改革主要指简化汉字、推广普通话、制定和推行汉语拼音方案“三大任务”，以及为实施文字改革而衍生出的现代汉语规范化工作。新中国成立初期，国力贫弱，百废待兴，文盲率高达80%以上。为普及文化教育、快速扫盲脱盲，培养合格的社会主义建设者，党和国家大力推动文字改革，1949年开国大典前夕就启动相关工作，1954年成立国务院直属机构“中国文字改革委员会”（简称“文改委”）。早期文字改革的方针是“走世界文字共同的拼音方向”，后来出现针对这一问题的激烈争议，政府及时搁置了争议。1956年1月的《中共中央关于文字改革工作问题的指示》指出：“汉字必须改革，汉字改革要走世界文字共同的拼音方向，而在实现拼音化以前，必须简化汉字，以利目前的应用，同时积极进行拼音化的各项准备工作。”1958年1月，周恩来总理在政协全国委员会报告会上作《当前文字改革的任务》的报告，正式提出作为拼音化准备工作的三大任务，而“关于汉字的前途问题，现在还不忙做出结论，可以争鸣，但不属于当前文字改革的任务范围”。换言之，“拼音化是文字改革的目标，其步骤是先简化汉字，同时为拼音化做准备，准备工作主要有推广普通话和制订汉语拼音方案”（周庆生 2013）。这一时期，围绕三大任务以及现代汉语规范化，国家开展了大量工作，取得很大成功。“文革”开始后，文字改革工作全面停顿，1972年以后有所恢复，1975年9月以后逐步全面恢复。

（二）强化语言规范时期（1985—2000）

语言规范指研究制定语音、文字、词汇、语法等各方面的语言文字标准，并推动全社会按照这些标准规范使用语言文字。[①] 改革开放以后，人员流动加剧，经济社会发展对推广普通话提出更加迫切的要求；而随着教育的普及、汉字计算机输入输出问题的基本解决，汉字改革的需求相对降低。同时，在市场经济大潮下，又受到《第二次汉字简化方案（草案）》（简称“二简字”）推行失败的影响，社会上出现了滥用繁体字、乱造简化字、随便写错别字等混乱现象。为此，国家对语言文字政策做出重大调整。1985年12月，国务院将文改委改名为“国家语言文字工作委员会”（简称“国家语委”），“文字改革”术语逐渐淡出人们的视野，拼音化方向也不再

---

① 《国家语言文字工作十年规划和“八五”计划纲要》指出：“语言文字工作主要包括两个方面：一是标准与规范的制定和建立，二是标准与规范的实施和推广。”

列入国家语文政策。1986 年 1 月召开的全国语言文字工作会议确立了"促进语言文字规范化、标准化"的新时期工作方针，将"做好现代汉语规范化工作，大力推广和积极普及普通话"列为首要任务；同时明确"坚持汉字简化的方向不变"，但"汉字简化应持极其慎重的态度，使文字在一个时期内相对稳定，以利社会应用"，提出要研究和整理现行汉字，制订各项规范标准，并治理社会用字乱象；强调要继续推行汉语拼音方案。此外，增加了"汉语汉字信息处理"的任务，后来被称为"语言文字信息化"，这与规范化、标准化密切相关，因为语言文字标准化的程度越高、越有利于计算机计算处理，所以目前常"三化"并提。自此，"语言文字工作进入建设期"（李宇明 2019）。1997 年 12 月召开的第二次全国语言文字工作会议继续贯彻新时期工作方针，确定了跨世纪语言文字工作的指导思想、奋斗目标和工作措施，特别提出"制定并完善语言文字应用管理法规"。2000 年，国家颁布《中华人民共和国国家通用语言文字法》（简称"《国家通用语言文字法》"）。

这一时期，国家语委制定颁行了一大批语言文字规范标准，同时协调推动各相关部委、指导督促各地方语委加强行政管理，面向全社会推广普通话、推行规范汉字、推行汉语拼音方案，贯彻执行语言文字规范标准；随着教育部语言文字应用研究所的成立、《语言文字应用》的创刊，服务、支撑"三化"工作的语言文字应用研究蓬勃开展；在政策思想方面，"文字改革"淡出后，"语文现代化"①成为语言文字工作的"旗帜"。（参见林炎志 1995）

（三）促进语言和谐时期（2000—2012）

语言和谐的目标任务是"构建和谐语言生活"，核心是以科学的语言观处理好语言的主体性与多样性的关系，以及语言规范与语言发展的关系。进入新世纪，旨在确立语言生活主体性的国家通用语言文字推广普及和"三化"工作在法治框架下进一步加强。同时，随着互联网普及，我国正式加入世贸组织，信息化、国际化（全球化）发展对社会语言生活产生重大而深刻的影响。新词新语、网络语言、外来语、字母词、广告用语谐音改字等语言现象扑面而来，地方人大代表提出"保卫方言"、多地广播电视播

① 核心内容包括语言共同化、文体口语化、文字简便化、注音字母化、语文电脑化、术语国际化。

出方言节目、英汉“双语教学”进入大中小学、道路名称通名的罗马字母使用英文翻译等语言热点事件①多发频发,社会各界对此意见不一,论争激烈,语言冲突时隐时现。为减缓语言冲突,协调多元语言意识,妥善处理各种语言关系,经过一段时间的研究讨论和实践准备,国家语委于 2006 年提出“构建和谐的语言生活是语言文字工作的目标”。在这之前,《国家通用语言文字法》统筹兼顾语言的规范、丰富和发展的思想,②以及“刚柔兼济”的语言规范原则,“为妥善处理社会与个人、普通话与方言、规范汉字与繁体字异体字等语用问题,提供了详尽可靠的法律依据;为此后十几年流行的语言和谐思想,提供了思路来源,为此后实行的‘构建和谐语言生活’政策,奠定了坚实的法律基础”(周庆生 2019)。

这一时期,在之前三大任务和语言文字信息化的基础上,根据语言和谐的要求,新增了“科学保护各民族语言文字”的任务,同时在服务引导社会语言生活方面开展了卓有成效的研究与实践,在传承传播中华语言文化方面也进行了积极探索;语言规划与语言政策研究蓬勃开展,相关学科建设开始起步,国外语言政策思想和社会语言学理论成果的引介,推动着针对中国语言国情的语言政策思想的变革与发展,由语言生活观、语言资源观、动态语言规范观等支撑起的语言和谐思想成为主导性语言政策思想。

(四) 构建语言战略时期(2012 至今)

语言战略是“语言规划中从国家利益出发、从全局考量的战略思想、布局与策划”(王晓梅 2014),主要关注两方面的问题:一是涉及全局的语言文字问题,即语言领域的战略问题;二是利用语言文字来帮助解决关乎全局的问题,即其他领域有关语言的战略问题。(李宇明 2016a)2010 年我国成为世界第二大经济体,2012 年党的十八大提出“全面建成小康社会”,2017 年党的十九大擘画建设社会主义现代化强国“新三步走”方略,提高国家文化软实力、发展现代信息科技、维护非传统领域国家安全、满足人民日益增长的美好生活需要、推进“一带一路”建设、推动构建人类命运共同体等国家重大发展战略中的语言需求日益迫切。2012 年颁布的

---

① 参见《中国语言生活状况报告(2005)》“热点篇”。

② 《国家通用语言文字法》第六条提出,国家“促进国家通用语言文字的规范、丰富和发展”。

《国家中长期语言文字事业改革和发展规划纲要(2012—2020年)》(简称《中长期规划》)指出,语言文字事业"在国家发展战略中具有重要地位和作用","必须树立和增强高度的文化自觉和文化自信,努力推进语言文字事业全面发展,为全面建成小康社会、实现中华民族伟大复兴贡献力量"。2016年颁布的《国家语言文字事业"十三五"发展规划》(简称《"十三五"规划》)进一步提出"以服务国家发展需求为核心""为全面建成小康社会、建设与综合国力相适应的语言强国提供有力支撑"。

这一时期,根据服务国家发展战略、建设语言强国的要求,正式将"语言服务"和"中华语言文化传承传播"确立为工作任务,极大丰富了新时代语言文字事业的内涵外延。国家语委开始更多使用"语言文字事业"的术语,提出"大语言文字工作"发展思路,"宽口径"乃至"全口径"推动事业发展。

这一时期,语言和谐仍是事业发展的重要指导理念,新增的工作任务在前一时期也都有着相当的实践铺垫,但从《中长期规划》和《"十三五"规划》的任务体系看,与前一时期相比,事业格局进一步呈现出宏观性、战略性特点。"国家语言战略研究"在前一时期的《国家语委语言文字应用科研"十一五"规划》中就被列为首要重点研究方向,相关学术研究对事业格局变化的推动作用明显。2012年以后,《语言与国家》的出版、《语言战略研究》的创刊、国家语言能力研究的兴起等,为近年来的事业发展刻上了鲜明的时代印记。

三、主要任务及成就

在70多年发展历程中,语言文字事业的视野不断扩展,任务逐步增加,主要可以归纳出八大任务。

(一)整理简化汉字与汉字规范

汉字数量庞大、字形繁难,给社会应用和教育文化普及带来不便。整理简化汉字就是精简日常使用的汉字数量,简化日常使用汉字的字形。1964年发布的《简化字总表》标志着汉字简化工作的基本完成。① 后来的"二简字"由于"试用要求过急,试用范围考虑不周,给社会用字造成困难"

① 后于1986年对个别字调整后重新发布。

(陈章太,谢俊英 2009)等各方面原因导致推行失败。

为便于社会使用,国家开展大量汉字规范工作,如整理异体字、更改地名生僻字、整理汉字查字法、统一部分计量单位名称用字等。1986 年提出汉字规范要做到定量、定音、定形、定序(简称"四定"),之后在字量、字形、部首、部件、笔顺、字音、字序等方面颁布了一系列规范标准。2013 年,国务院发布历经十余年研制的《通用规范汉字表》,这是适应新形势下社会各领域汉字应用需要的重要汉字标准,体现了现代通用汉字在字量、字级和字形等方面的规范,是新中国成立以来汉字规范工作的集大成者;该字表公布后,社会一般应用领域的汉字使用应以其为准,原有相关字表停止使用。

除了汉字本体建设,国家还在社会应用层面推行规范汉字。规范汉字是"经过科学整理并由国家正式公布,有明确的使用范围和使用标准的汉字"(全国名词委 2011)。1986 年以后,国家语委联合地名、广播影视、出版物、企业名称、招牌、广告、商标、体育、金融等管理部门,指导督促地方语委,以计算机用字、出版印刷用字、影视屏幕用字和城镇街头用字为重点,推动规范汉字的社会使用工作,纠正滥用繁体字、乱造简化字、随便写错别字等用字乱象。2000 年颁布的《国家通用语言文字法》明确:规范汉字是"国家通用文字"。

普及规范汉字,主要通过学校教学。在文字改革时期,汉字整理简化的成果还被用于扫盲工作,为快速提升人民群众的科学文化素质发挥了重要作用。世纪之交,全国已有 95.25%的识字人口平时书写使用规范字。① 2007 年,为提升国民汉字规范能力,国家推出汉字应用水平测试,至今已累计测试 30 多万人次。

此外,国家还积极推进汉语书面语形式改革和规范,内容涉及横排横写、标点符号用法、数字用法等方面。

(二)推广普通话与现代汉语规范

改革开放之前,推广普通话是汉字拼音化的一项重要准备工作,也是新中国建设发展对"使用一种共同语言的迫切需要"(周恩来 1958)。改革开放以后,推广普通话成为语言文字工作的首要任务,为社会主义市场经济建设、城市化发展、人员流动和信息沟通做出重要贡献。党的十八大

---

① 数据来自 2000 年"全国语言文字使用情况调查",下同。

以来，推广普通话为决战脱贫攻坚、决胜全面建成小康社会、铸牢中华民族共同体意识发挥着重要作用。

1955年，为体现民族平等政策和对少数民族语言的尊重，全国文字改革会议将“国语”改称“普通话”，取其“普遍共通，普遍通用”之义。1956年，国务院成立中央推广普通话工作委员会，发布《关于推广普通话的指示》，提出各行各业推广普通话的要求。1957年，教育部、文改委召开全国普通话推广工作汇报会，确定推普方针——“大力提倡，重点推行，逐步普及”。1956—1958年，教育部和高等教育部组织开展全国性方言调查，并编写320种针对不同方言区的普通话学习材料。1982年，“国家推广全国通用的普通话”写入我国《宪法》。1986年，全国语言文字工作会议提出使普通话成为教学语言、工作语言、宣传语言、交际语言的“四用语”目标，并强调，除了南方方言复杂的地区，北方方言区也要推广普通话。1992年，国家语委提出“大力推行，积极普及，逐步提高”的新时期推普方针，与之前相比，增加了“提高”的要求。根据这一要求，1994年，国家语委、国家教委、广电部启动普通话水平测试，截至目前已累计测试8 800余万人次；普通话水平测试是一项标准参照型考试，对普及现代汉语语音、词汇和语法规范发挥了重要作用。1997年，国务院第134次总理办公会议批准自1998年起，每年9月第三周为“全国推广普通话宣传周”。2000年，《国家通用语言文字法》明确，普通话是我国“国家通用语言”。进入新世纪以后，推广普通话的重心不断向农村和少数民族地区倾斜。2017年，国家语委实施“国家通用语言文字普及攻坚工程”。2018年，教育部、国务院扶贫办、国家语委启动“推普脱贫攻坚行动”。世纪之交，我国的普通话普及率已经达到53.06%，20年来继续增长至接近80%。

为促进普通话语音、词汇和语法规范，国家采取系列措施。(1) 明确普通话的标准，“以北京语音为标准音，以北方话为基础方言，以典范的现代白话文著作为语法规范”。(2) 审定普通话异读词读音。1957—1962年间的审音工作形成《普通话异读词三次审音总表初稿》(简称《初稿》)；1982年重建审音委员会、修订《初稿》，1985年发布《普通话异读词审音表》；2011年启动新世纪审音工作，2016年形成《普通话异读词审音表(修订)》并向社会公开征求意见。(3) 编写“以确定词汇规范为目的的中型的现代汉语词典”，1956年启动，1965年形成《现代汉语词典》试用本，1978年12月出版第1版，最新的已出版到第7版。(4) 发布《第一批异形词整理表》《现代汉语常用词表(草案)》《义务教育词表(草案)》等一批词汇规范。(5) 审定科技名词,并于 2000 年将学科领域从自然科学扩大到技术科学和社会科学,①"至 2015 年,全国名词委共建立了 95 个审定分委员会,审定公布了 122 种科技名词"②。(6) 在语法规范方面,1951 年 6 月 6 日《人民日报》发表社论《正确地使用祖国的语言,为语言的纯洁和健康而斗争!》,同时连载吕叔湘、朱德熙的《语法修辞讲话》;1956 年推出《暂拟汉语教学语法系统》,作为中小学语法教材编写和语法教学的依据。

(三) 制定推行汉语拼音方案及其规范使用

汉语拼音方案是国家通用语言文字的拼写和注音工具。汉语拼音方案在研制过程中,一度作为拼音文字方案,随着相关争议的搁置,删除了名称中的"文字"二字,周恩来总理(1958)明确指出,"汉语拼音方案是用来为汉字注音和推广普通话的,并不是用来代替汉字的拼音文字。"汉语拼音采用什么字母形式,也经历了长达数年的研究讨论,直至 1958 年 2 月 11 日,第一届全国人大第五次会议通过了采用拉丁字母(即罗马字母)的《汉语拼音方案》。之后,汉语拼音被广泛应用于注音扫盲、汉字注音、普通话教学、对外汉语教学、帮助少数民族创制改革文字、设计汉语手指字母、改进盲字、编序检索、通信联络(如电报、旗语、灯语)等诸多领域。尤其是在信息化时代,汉语拼音在汉字输入、中文数据库排序检索等方面发挥着不可替代的作用,极大促进了中文信息处理技术的发展,为互联网的迅速普及奠定了重要基础。"如今汉语拼音已经深入社会生活的方方面面,成为人们不可缺少的文化工具。"(苏培成 2018)

为促进汉语拼音的规范使用和教学普及,国家就汉语拼音正词法、中国人名地名汉语拼音字母拼写法等制定发布一系列规范标准,探索多种拼音教学法,并于 1982 年起在小学语文教学中开展了"注音识字,提前读写"教改实验。《国家通用语言文字法》规定,"初等教育应当进行汉语拼音教学"。世纪之交,全国会汉语拼音的人口比例达到 68.32%。

汉语拼音方案还是中文罗马字母转写的国际标准,成为中国文化走向世界的桥梁。1977 年 9 月联合国第三届地名标准化会议通过《关于中国地名拼法的决议》;1979 年 6 月联合国秘书处发出《关于采用"汉语拼

---

① 2000 年,全国自然科学名词审定委员会改名为全国科学技术名词审定委员会。

② http://www.cnctst.cn/jggk/lsyg/201603/t20160302_327711.html。

音”的通知》;1982 年 8 月国际标准化组织发布 ISO 7098《文献工作——中文罗马字母拼写法》,后于 1991、2015 年两次进行修订。《国家通用语言文字法》明确,“《汉语拼音方案》是中国人名、地名和中文文献罗马字母拼写法的统一规范。”

(四)语言文字信息化

语言文字信息化相关工作始于 20 世纪 50 年代,1956 年自然语言的计算机处理就被列入中国科学工作的发展规划,1968 年研制成汉字电报译码机,70 年代中期提出“汉字信息处理系统”研究课题——“七四八”工程。(冯志伟 2019)70 年代末、80 年代初,为“让古老的汉字进入计算机”,文改委在全国范围内组织专家开展集中攻关,在短时间内先后成功解决了汉字在计算机中的输入输出和信息交换用编码问题,发布了《信息交换用汉字编码字符集 · 基本集》等重要标准。1986 年全国语言文字工作会议上,语言文字信息化被正式确立为语言文字工作的一项重要任务;1997 年全国语言文字工作会议进一步明确其具体内容:制定面向中文信息处理的语言文字规范标准并加强执行情况的监督检查,加强基础理论研究和应用研究,建设为中文信息处理服务的基础工程。

1986 年以来,国家语委会同相关部门颁行一大批关于汉字输入、汉字编码字符集、汉字字形以及汉语词处理、语音处理等的规范标准,开展现代汉语通用平衡语料库、中华精品字库等基础工程建设,推动建成一系列基础数据库、语料库、知识库及相关信息聚合与检索系统,打造语言资源综合门户“国家语委语言资源网”,发布汉字简繁文本智能转换系统、汉字全息应用系统,开通“全球中文学习平台”,实施“语言文字信息化关键技术研究与应用工程”,制定《信息化条件下语言文字规范标准体系建设规划》,取得丰硕成果。半个多世纪以来的语言文字信息化建设,成功解决了汉字编码、输入/输出、编辑、排版等相关技术问题;制定了面向信息处理的汉语分词规范;汉语词语自动切分、命名实体识别、句法分析、词义消歧、语义角色标注和篇章分析等自然语言处理的基础问题得到全面研究和推进;机器翻译、信息检索、舆情监测、语音识别和语音合成等应用技术在众多互联网企业、国家特定领域和机构中得到实际应用。(宗成庆 2016)

(五)语言文字法治建设

语言文字法治建设是贯彻依法治国方略,促进语言文字工作制度化发展、走向现代治理的必然要求,也是落实新时期语言文字工作方针、加强社会语言文字应用管理、促进语言文字规范化和标准化的迫切需要。语言文字法治建设包括语言文字法律法规的制定、实施、宣传、普及、遵守和监督等各个环节。我国的语言文字法治建设实践是一个动态的过程,经历了政策化、法律化等阶段,以立法的不断加强为突出特点。(李俊宏 2017)目前,我国已初步形成了"《宪法》相关规定为基本原则,《国家通用语言文字法》为专门法律,《民族区域自治法》和民族自治地方的自治条例中有较为具体的规定,各地有实施《国家通用语言文字法》的地方性法规规章,民族自治地方多地有少数民族语言文字单行条例"的语言文字法律法规体系,同时有一大批法律法规及规章包含关于语言文字问题的条款规定。

2000 年 10 月 31 日第九届全国人大常委会第十八次会议通过的《国家通用语言文字法》是我国语言文字法治建设最重要的成果。该法具有划时代的里程碑意义。在国际上,它"标志着我国成功迈入了世界为数不多的语言法治国家行列"(周庆生 2019),凸显了我国在语言政策领域的先进理念;在国内,它标志着语言文字规范化、标准化工作开始走上法治轨道,为完善社会主义法律体系、全面实施依法治国方略填补了重要空白。

《国家通用语言文字法》在起草时曾将国家通用语言文字和少数民族语言文字都纳入规范对象,但是鉴于少数民族语言文字的复杂性和特殊性,考虑到许多法律已经做出规定,2000 年 2 月全国人大常委会委员长会议决定在制定语言文字法时重点考虑国家通用语言文字的规范,不重点规范少数民族语言文字方面的问题。(卢干奇 2003)国家对少数民族语言文字的地位、语言平等、使用范围等重要问题在相关法律中做出明确规定,"如果还有遗漏,可以进一步修订完善,国家似乎不必制订专门的少数民族语言法","国家确立语言平等政策和保护政策,确定少数民族语言文字的地位,具体使用由地方制订法规,这是一种比较切实可行的立法构想"。(苏金智 2018)

《国家通用语言文字法》颁布后,全国人大教科文卫委、教育部、国家语委加强法治宣传,开展执法调研,进一步明确"一个中心,四个重点领域,三项基本措施"的工作思路,以城市为中心,以学校、党政机关、新闻媒体、公共服务行业为重点,通过"目标管理,量化评估"、普通话水平测试、推广普通话宣传周等措施，逐步建立依法管理监督的体制和机制，提高全社会语言文字规范化水平。根据“目标管理，量化评估”的工作思路，国家语委先后开展城市语言文字工作评估、语言文字规范化示范校创建、语言文字工作督导评估，推动将语言文字规范化要求纳入全国文明城市测评体系和省级政府履行教育职责评价体系，不断加大语言文字依法管理力度。为进一步完善语言文字法治依据，2008 年以来国家语委先后就外文使用管理、信息技术产品语言文字使用管理等开展立法调研，推动《国家通用语言文字法》修订以及相关行政法规和规章的制定工作。

（六）科学保护各民族语言文字

2007 年颁布的《国家语言文字工作“十一五”规划》提出“将语言作为一种国家资源加以保护和利用”，标志着语言资源观的全面确立和语言保护任务的正式提出。语言资源观能够缓解语言作为问题、语言作为权利等观念带来的冲突，有助于促进语言和谐。2008 年起，国家语委在部分省区市试点建设“中国语言资源有声数据库”。2011 年，党的十七届六中全会首次在中央全会文件中对语言文字工作提出要求——“大力推广和规范使用国家通用语言文字，科学保护各民族语言文字”，为语言保护进一步确立了政策依据。2015 年，国家语委实施“中国语言资源保护工程”，利用现代化技术手段，收集记录汉语方言、少数民族语言和口头语言文化的实态语料，到 2019 年年底共调查 1 700 多个语言点，覆盖全国各省区市和港澳台地区、123 个语种和全部汉语方言，建成大规模、可持续增长的多媒体语言资源库——“中国语言资源保护工程采录展示平台”，出版《中国语言文化典藏》《中国濒危语言志》丛书等重大标志性成果，成为“人类历史上规模最大的语言资源调查和保护工程”。（周庆生 2019）

语言保护包括对少数民族语言权利的保护（周庆生 2016，2019）。旨在保障少数民族语言权利的民族语文工作从新中国成立之初就是我国语言规划的重要方面，如少数民族语言文字调查、为少数民族创制或改进文字等。70 多年来，少数民族语言文字规范化标准化信息化建设取得重大进展，成立了全国术语标准化技术委员会少数民族语特别分委员会推动相关语种术语规范，发布了系列少数民族语言文字信息化规范标准，陆续推出蒙古文、藏文、维吾尔文、哈萨克文、朝鲜文、彝文、壮文、柯尔克孜文和锡伯文等文字处理系统，开发一批民族文字操作应用系统、排版系统和办公自动化系统，建成一系列少数民族语语料库、文献库和翻译词典。同时，依法保障少数民族语言文字在相关领域的应用，加强少数民族语言文字的翻译、出版、教育、新闻、广播、影视、古籍整理等工作，积极推进民族教育发展，科学稳妥推行双语教育，建设双语和谐乡村（社区）、双语学习特色村镇、培养双语人才队伍、组建大学生双语志愿服务团、加强少数民族语言文字公共服务，促进国家通用语和少数民族语双语和谐。

（七）语言服务

语言服务指“利用语言（包括文字）、语言知识、语言技术及语言的所有衍生品来满足语言生活的各种需要”（李宇明 2016b）。1986 年全国语言文字工作会议“已经有了服务的意识”（李宇明 2016b）；1997 年全国语言文字工作会议“比较明确地提出了‘语言服务’这个概念”（周庆生 2019）。2012 年《中长期规划》首次明确提出语言服务的任务，内容包括加强社会语言生活监测和引导、做好语言文字社会咨询服务工作。2016 年《“十三五”规划》进一步发展和提升，将“提高国家语言文字服务能力”列为五大任务之一，内容包括提高保障国家战略和安全的语言文字服务能力、创新语言文字服务方式、服务特殊人群语言文字需求。语言服务早期主要作为引导语言生活、促进语言和谐的柔性规范手段，后来在学界相关研究的推动下逐步成为指导工作全局的发展理念，其内涵从“服务社会应用”拓展提升至“服务国家战略”，反映了新时代语言文字事业的基本定位。

新世纪以来我国在语言服务方面开展的工作和取得的成就主要包括：成立国家语言资源监测与研究中心，监测语言发展，记录语言实态，服务社会应用；发布语言生活系列皮书，开展“汉语盘点”活动，加强语情和语言舆情监测研究，抓住重点、突破难点、引导热点，以服务的理念和群众喜闻乐见的方式，引导社会语言意识；制定公共服务领域外文译写规范，实施《北京冬奥会语言服务行动计划》，服务北京奥运会、上海世博会、北京冬奥会等重大国际性活动；制定《推进“一带一路”建设语言规划研究行动方案》，建设国家外语人才资源动态数据库、国家语言志愿者人才库，提升国家外语能力，服务“一带一路”建设；建立京津冀语言文字工作协作机制，服务京津冀协同发展战略；开展自贸区语言政策、语言需求调研，服务自贸区建设；成立“国家语言服务与粤港澳大湾区语言研究中心”，服务粤港澳大湾区建设；发布《国家通用盲文方案》《国家通用手语常用词表》，推广国家通用手语和国家通用盲文，建设手语盲文数据库、语料库，研发手语盲文计算机处理技术,开展特殊人群普通话水平测试,加强信息无障碍建设,服务特殊人群语言文字需求;成立“战疫语言服务团”,筹建“国家应急语言服务团”,加强应急语言服务。

(八) 中华语言文化传承传播

语言文字事业在中国特色社会主义“五位一体”总体布局中明确定位于“文化建设”,构建和谐语言生活要求“语言规划在继续关注语言工具职能的同时,要更多关注语言的文化职能”(李宇明 2013),服务社会主义文化强国建设要求“充分发挥语言文字传承弘扬中华优秀文化的载体作用”①。2008 年起,国家语委开始相关探索,开展了“中华经典诵读活动”;2012 年以来的《中长期规划》和《“十三五”规划》进一步将“弘扬传播中华优秀文化”正式列为工作任务,2017 年中共中央办公厅和国务院办公厅《关于实施中华优秀传统文化传承发展工程的意见》多处对语言文化建设提出要求。十多年来的相关工作内容,大致可以归纳为群众性文化活动、重大语言文化工程、中文国际传播、语言文字交流合作 4 个方面。

群众性文化活动围绕“中华经典”,主要包括中华经典诵写讲活动、中华经典资源库建设、《中国汉字听写大会》《中国成语大会》《中国诗词大会》等语言文化类品牌节目等,2018 年起全面实施“中华经典诵读工程”,2019 年发布《中华通韵(试行)》。

重大语言文化工程主要包括 2014 年启动的“中华思想文化术语传播工程”和 2017 年启动的“甲骨文研究与应用专项”等。2017 年 10 月,甲骨文成功入选联合国教科文组织《世界记忆名录》。2019 年,习近平总书记为甲骨文发现 120 周年发贺信,孙春兰副总理主持召开纪念甲骨文发现 120 周年座谈会。

中文国际传播最早可以上溯到 20 世纪 50 年代初对外国人的汉语教学,“而真正意义上汉语国际推广的国家行为,始于 1987 年‘国家对外汉语教学领导小组办公室’的成立”(张文浩 2013)。2005 年世界汉语大会以来,以孔子学院建设为标志,中文国际传播取得令人瞩目的成就。2007 年,国家语委提出要“在汉语国际传播整体战略中发挥积极作用”②。

① 见《中长期规划》。

② 见《国家语言文字工作“十一五”规划》。

2012年的《中长期规划》正式将其列为工作任务，提出要“加强国际汉语教育教师培训、教材建设和教学研究，继续推动汉语相关水平测试向海外拓展，增强中华文化国际影响力；继续发挥普通话、规范汉字和《汉语拼音方案》在国际汉语教育和海外华文教育中的主导作用”；要“促进中文成为有关国际组织的正式工作语言、国际会议的会议语言，提升中文在国际学术界的影响力”。

语言文字交流合作主要包括：推动两岸合作编纂中华语文工具书，共建“中华语文知识库”，成立两岸语言文字交流与合作协调小组，举办两岸语言文字学术会议，组织两岸大学生夏令营活动，促进海峡两岸语言文字交流合作；累计对超过13万人次的港澳居民开展普通话培训和水平测试，组织内地大学生赴港澳开展诵读展演与交流活动，促进内地与港澳地区的语言文字交流合作；主办“世界语言大会”(2014)和“世界语言资源保护大会”(2018)，举办中国北京国际语言文化博览会，组织中德、中法、中俄等“语言年”活动，实施“语言文字国际高端专家来华交流项目”，对外译介中国语言生活皮书，设立海外普通话培训测试中心，促进语言文字国际交流合作。

这些工作，在全社会掀起“汉字热”“汉语热”“传统文化热”，在世界上就语言文字问题发出中国声音，为提升国家软实力、建设中国特色社会主义文化强国做出积极贡献。

四、主要特点

新中国语言文字事业取得的成就，缘于党和国家对语言文字事业的高度重视，彰显了中国特色社会主义的制度优势，构成中国特色语言规划的理论与实践图景。

（一）守正创新，开拓进取

70多年来事业发展的一个突出特点是，既坚守“促进语言文字在国家建设和社会生活中更好发挥作用”的初心，又瞄准不同历史时期国家建设发展、人民福祉提升的需求开拓进取。二者之间的关系，表现为对“语言在国家建设和社会生活中发挥什么作用”的认识不断走向全面、完整和深化，推动着语言政策思想的与时俱进。二十世纪八九十年代提出的“语文现代化”思想强调“使中国人有一套简便易学、省力、高效率的语言、文字工具”（王开扬 2008）。新世纪初提出的“语言和谐”思想，意味着语言价值取向“从追求语言的纯洁，到重视健康的语言生活；从把语言多样性看作问题，到把它看作资源进行监测、开发和保护；从把语言看作纯交际工具到认识到语言意识形态的存在，进而认识到语言对认同的建构功能”（郭熙 2019）。2012 年以来提出的“语言战略”思想进一步强调“跳出语言看语言”，“既要关心语言自身、语言使用、语言态度，更要关心民族、国家乃至国际层面的宏观语言问题，以及语言所触及的复杂棘手的社会问题和意识形态问题，关心语言使用者及其生存环境和精神家园”（郭熙，祝晓宏 2016）。

（二）融入大局，顺势而为

70 多年来的事业发展表明，只有“融入大局，顺势而为”，才能使语言规划取得成功。新中国成立初期在汉字简化方面取得的巨大成功，很大程度上可以归因于新中国、新政权、新制度、新思想、新社会、新人际关系背景下的顺势而为。世纪之交语文现代化取得的历史性成就（如普通话普及率超过 50%，13.47%的人口以普通话为母语母言），很大程度上可以归因于市场经济大潮中“人员流动加剧，普通话不胫而走”背景下的顺势而为。同时，“在现代化建设初期能够预见到信息化的到来，而且能够确定规范化标准化为语言文字工作的主要目标，为下一步工作奠定坚实基础，是第二阶段语言文字工作比较成功也是最具远见之处”（陈章太，谢俊英 2009）。进入新世纪，现代化还在路上，后现代主义的影响接踵而至。语言规划、语言政策、语言生活、语言规范、语言和谐、语言资源、语言保护、语言服务、语言经济、语言产业、语言能力、语言文化、语言战略、语言治理等研究的蓬勃开展，以及随理论发展而展开的政策实践，较全面地因应了“后现代主义”的挑战。反之，“二简字”推行、部分字形调整、被称为“汉语四六级”的汉语能力测试等语言规划措施的受阻甚至失败，很大程度上是由于对文字改革需求降低、网络时代语言问题易成为舆情暴发点等形势发展估计不足。

“融入大局，顺势而为”需要敏锐洞察需求、深入研判需求、主动对接需求。党的十八大以来，事业内容的极大丰富，是在“强起来”大势下对国家各项重大发展战略中的语言需求的积极回应。另一方面，“围绕中心看需求，融入大局促发展”，也是在语文现代化取得历史性成就、刚性需求（直接性需求）相对降低、柔性需求（间接性需求）不易察觉、语言规划基础性地位习焉不察的态势下，语言文字事业持续发展的必由之路。

（三）统筹兼顾，科学作为

70多年来的事业发展表明，坚持科学辩证的方法论，在深入研究、充分讨论基础上，统筹兼顾好语言文字领域的“主体与多样”“规范与发展”“工具与文化”“传统与现代”“现代与后现代”等各种复杂关系以及多元的社会语言意识和不同意见，才能行稳致远。搁置关于拼音化问题的争议，删除《汉语拼音方案》名称中的“文字”二字，决定采用罗马字母作为汉语拼音字母，调整“四用语”推普目标，在《通用规范汉字表》名称中增加“通用”二字，在政策文件中明确宣示“大力推广和规范使用国家通用语言文字，科学保护各民族语言文字”及至“保护传承方言文化”，无不是以既积极、又稳妥的态度，深入研究、充分讨论，统筹兼顾了各方面需求和意见，已经或正在被实践证明是科学正确、行之有效的，也推动着未来的政策创新和话语创新。

五、结　　语

新中国成立以来，我们在一个拥有数千年文字史的人口大国成功实施了文字体系改革，文盲率大幅下降；基本解决了语言障碍问题，涌现了大量既会母语母方言、又掌握国家通用语言的双语人；成功解决了汉字及多种少数民族文字进入计算机的问题，自然语言处理也取得重大突破，网民规模超过9亿；国家语言资源得到全面、科学保护，中华语言文化得到有效传承；语言文字治理全面纳入法治轨道；中文正在走向世界，160多个国家和地区建有孔子学院或孔子课堂，60多个国家将中文纳入国民教育体系，除中国外，各国学习和使用中文的人数超过1亿。这些成就，为促进国家统一、民族团结、教育普及、经济发展、社会进步、科技腾飞、文化繁荣、国际地位提升，贡献巨大。

展望未来，在语文现代化任务基本完成乃至全面完成的态势下，“构建和谐语言生活”和“服务国家发展战略”仍是语言文字事业的两大主题。从国内到国际，“构建和谐语言生活”对促进语言文字治理体系与治理能力现代化提出迫切要求。从各行业领域的“强国”建设战略到大湾区、长三角、京津冀等区域联动发展战略，“服务国家发展战略”必将使未来的事业发展继续表现出强劲的延展性。

参考文献

1. 陈章太,谢俊英. 语言文字工作稳步发展的60年. 语言文字应用,2009(4):2-14.
2. 陈章太,戴庆厦,陆俭明,等. “中国语言学七十年”多人谈. 语言战略研究,2019,4(4):74-80.
3. 费锦昌. 中国语文现代化百年记事(1892—1995). 北京:语文出版社,1997.
4. 郭龙生. 中国当代语言规划的理论与实践. 广州:广东教育出版社,2008.
5. 郭熙. 七十年来的中国语言生活. 语言战略研究,2019,4(4):14-26.
6. 郭熙,祝晓宏. 语言生活研究十年. 语言战略研究,2016,1(3):24-33.
7. 国家语言文字工作委员会. 中国语言文字事业发展报告(2020). 北京:商务印书馆,2006.
8. 黄行. 中国现代汉语规范化的历史与现状. 语言政策与语言教育,2015(2):1-21,104.
9. 李海英. 中国当代语言本体规划研究. 南京大学,2015.
10. 李俊宏. 国家语言文字法治建设的纵向考察——历史、现状与未来. 法治论坛,2017(3):40-52.
11. 李宇明. 和谐语言生活　减缓语言冲突. 语言文字应用,2013(1):10-11.
12. 李宇明. 关注语言生活. 语言战略研究,2016a,1(1):1.
13. 李宇明. 语言服务与语言产业. 东方翻译,2016b(4):4-8.
14. 李宇明. 中国语言文字事业70年——序《中国语言生活状况报告(2019)》. //国家语言文字工作委员会. 中国语言生活状况报告(2019). 北京:商务印书馆,2019.
15. 林炎志. 语言文字工作的旗帜. 语文建设,1995(8):3-4.
16. 刘导生. 新时期的语言文字工作. 语文建设,1986(Z1):8-14.
17. 卢干奇. 关于《国家通用语言文字法》的几个问题. //周庆生,王洁,苏金智主编. 语言与法律研究的新视野. 北京:法律出版社,2003.
18. 全国科学技术名词审定委员会. 语言学名词. 北京:商务印书馆,2011.
19. 苏金智. 从语言立法宗旨和功能看中国语言立法. 语言文字应用,2018(3):31-40.
20. 苏培成. 当代中国语文改革和语文规范. 北京:商务印书馆,2010.
21. 苏培成. 汉语拼音具有强大的生命力——纪念《汉语拼音方案》颁布60周年. 语言规划学研究,2018(1):17-18.
22. 苏培成,李宇明,张日培. 新中国语言文字事业70年. //国家语言文字工作委员会. 中国语言文字事业发展报告(2020). 北京:商务印书馆,2020.
23. 王均. 当代中国的文字改革. 北京:当代中国出版社,1995.

24. 王开扬. 中国语文现代化理论再认识. 北华大学学报,2008(1):26－38.
25. 王晓梅. 语言战略研究的产生与发展. 中国社会语言学,2014(1):1－9.
26. 许嘉璐. 开拓语言文字工作新局面,为把社会主义现代化建设事业全面推向 21 世纪服务——在全国语言文字工作会议上的报告(1997 年 12 月 23 日). 语文建设,1998(2):3－5.
27. 姚亚平. 中国语言规划研究. 北京:商务印书馆,2006.
28. 张洁. 语言文字工作七十年. 中国语文,2019(3):369－381+384.
29. 张文浩. 汉语国际推广中的宣传策略及其受西方国家的影响. //北京大学对外汉语教育学院研究生院. 北京地区对外汉语教学研究生论坛论文集. 2013:10.
30. 中国语言生活状况报告课题组. 中国语言生活状况报告(2005). 北京:商务印书馆,2006.
31. 周恩来. 当前文字改革的任务(1958). //王均. 当代中国的文字改革. 北京:当代中国出版社,1995.
32. 周庆生. 中国语言政策研究七十年. 新疆师范大学学报,2019,40(6):2,60－71.
33. 周庆生. 语言保护论纲. 新疆师范大学学报,2016,37(2):126－131.
34. 周庆生. 中国"主体多样"语言政策的发展. 新疆师范大学学报,2013,34(2):32－44+4.
35. 宗成庆. 中文信息处理研究现状分析. 语言战略研究,2016,1(6):19－26.

语言学在学科分类上的地位问题

游汝杰

复旦大学

摘　要　文章梳理学科分类与代码国家标准、国家社科基金学科分类目录、《学位授予和人才培养学科目录》、教育部普通学校本科专业目录等有关学科分类标准的文件中对语言学的学科定位，提出将“语言学”与“文学”合并为一个学科既不符合学科发展的内在逻辑，也对进一步推动语言学高水平学术研究、高质量人才培养产生限制。根据语言学的学科特点及国际学界相关学科建设经验，文章提出教育部的学科分类目录至少在一级学科层面应该与国标基本一致、语言学应成为独立的一级学科、语言学学科级别系统需做出相应调整、二级学科“语言学及应用语言学”宜改为“应用语言学”、“语言规划”可隶属“社会语言学”等建议。

关键词　语言学　学科分类标准　一级学科　学科地位　语言规划

在学科分类上，语言学可否与文学一样，列为一级学科？这个问题由来已久。2005年春，来自全国20多所主要高校、研究机构和教育部的近50位资深语言学者在河北师范大学参加“中国语言学发展战略高级论坛”，此会的主要内容即是讨论这个问题。与会者最后一致同意，建议教育部将语言学列为一级学科。2009年各大高校语言学者又在华中师范大学再次开会，讨论这个问题。会后《语言研究》杂志还组稿、刊出好几篇呼吁将语言学列为一级学科的文章。但是由于种种原因，在教育部的学科目录上，语言学至今仍然不是一级学科。以下让笔者简略谈谈语言学在学科分类上的地位问题。

一、语言学在现有学科分类上的地位

据我所知，目前有四个国家级的学科分类标准，在这四个有关学科分类标准的文件里，语言学的地位分别如下。

据国家标准（2009 年）“学科分类与代码”，语言学为一级学科（740），“汉语研究”为下属的二级学科。

据国家社科基金学科分类目录，语言学（YY）和中国文学（ZW）并列为一级学科。

据国务院学位委员会和教育部的《学位授予和人才培养学科目录》（最新版本于 2018 年 4 月更新），学科门类分为十三大类，其中的第 5 类是“文学”，文学门类下设“中国语言文学（0501）”“外国语言文学（0502）”“新闻传播学（0503）”三个一级学科。语言学为“中国语言文学”下的二级学科。

据教育部普通学校本科专业目录（2012 年），语言学并不是一个独立的学科。中国语言和中国文学合称“中国语言文学类”，是下属一级学科“文学”的二级学科，而“汉语言”则是三级学科。

这四个国家级的标准并不一致，语言学在前两个标准里是一级学科，在后两个标准里是二级学科，差别较大。笔者认为很有必要厘清关系、整合修订或择善而从。以下是我们的整合修订建议。

二、语言学应成为一级学科

据现代科学分类法，语言文字学与文学、人类学、民族学、历史学、考古学是并列的一级学科，在“国标”的社会科学类别系统中，语言学是一级学科，国内外的图书分类法和百科全书的学科分类都是如此。“国家标准委员会的学科国家标准”和“国家社会科学基金”的学科目录，也将“语言学”列为一级学科，与“中国文学”并列。

教育部的目录将中国语言和文学合并在一起，作为一级学科“文学”下属的二级学科，是非常不合理的，因为语言和文学性质不同，语言学和文学的知识系统也不同，而学科分类的基本依据是知识系统的异同。例如语言学和文学的概念、术语和研究方法大不相同，都是自成系统的。因此，国内外图书馆的图书分类法，都是将语言和文学分列为两大类，并且都是属于基本大类，H 类为语言、文字，I 类为文学。国内外的大百科全书也都是将语言学列为一级学科。例如在《中国大百科全书》学科（知识门类）分类上，“语言文字”是 66 个大类之一，和“中国文学”是并列的。国内的一级学会，语言学和文学也是分开的，例如只有“中国语言学会”，没有“中国语言文学学会”。

教育部的学科目录设“中国语言文学”为一级学科，将“语言学”和“文学”合为一级学科，“语言学及应用语言学”和“汉语言文字学”为二级学科，这既不符合现代科学分类原则，在逻辑上也是错乱的。“中国语言学”只是“语言学”的下位概念，却与“中国语言文学”合为一级学科，同时又将上下位关系不对等的“语言学及应用语言学”和“汉语言文字学”并立为二级学科。这不利语言学及汉语研究的发展和人才培养。

三、“语言学”和“文学”应分不应合

将“语言学”和“文学”合为一个学科是不讲究学科建设的旧时代的产物。中国学术界传统观念认为研究语言的学问即是“音韵、训诂、文字”，统称“小学”，是为解释古代经典服务的。所以语言学课程附设在“国文系”或“中文系”里也是理所当然的。后来虽然产生了现代的语法学，但语言学处于草创阶段，不可能独立，只能依附于文学。多年来语言学在中国的高校里依附于以文学为主的中文系，在资源分配、教师编制、学科发展、人才培养方面都受到一定限制。其实“语言学”是“语言的科学”（science of language），与文学的人文学科性质大不相同。近几十年来，语言学在国内外都有长足进展，许多领域与文学的关系越来越远，其中有的分支学科更与“文学”风马牛不相及，例如“语音学、实验语音学、计算语言学、病理语言学、神经语言学”等。

在欧美，“语言学”从来不与“文学”同属一个学科，大学里的“语言学系”向来是独立的。当代的欧洲、北美、澳洲、印度、中国香港等都有独立的语言学系，它们在学科上也是独立的。

中国大陆的一些高校已经成立（如北京语言大学、上海外国语大学）或正在酝酿成立语言学系，以冀培养具备全面语言学素养的人才，以适应今后语言学发展的需要，也有利于与国际语言学界进行学术交流。目前我国培养的语言学人才，大都出身中文系或外文系，前者的学识限于汉语语言学（通常英语水平不佳），后者的学识限于外国语言学，这样的人才并不是通才，与国外的语言学家交流有一定局限性。语言学改列一级学科

显然有利于各校筹建语言学系。从国际化的视野来看,“语言学”和“文学”也是应分不应合的。

四、“语言学及应用语言学”宜改为“应用语言学”

历年来各大高校中文系有两个与语言研究相关的二级学科,“汉语言文字学”和“语言学及应用语言学”。其中“语言学与应用语言学”名称不合逻辑,“应用语言学”是语言学的下位概念,“语言学”已包括“应用语言学”。将上下位概念合成一个学科的名称,又与“汉语言文字学”并列,不仅不合逻辑,而且造成学生选择专业、导师和课程的混乱现象。如将“语言学及应用语言学”改成“应用语言学”,可以消除上述混乱现象。“应用语言学”(applied linguistics)也是国际通用的语言学分支学科名称。

五、“语言规划”可隶属“社会语言学”

各国政府对本国语言的使用和规范所采取的政策称为语言规划或语言计划(language planning)。语言规划包括两大部分内容:语言的地位规划(language status planning)和语言的本体规划(language corpus planning)。前者主要研究应该以哪种语言为国语(national language)?以哪种语言为官方语言(official language)?是否要实行双语制或多语制?以哪种语言为地区官方语言?后者主要研究国语或官方语言及其文字的规范化或标准化。语言规划研究一方面须借助语言学知识,故在学科分类上可以隶属“应用语言学”,另一方面它与社会,甚至政治关系也很密切,特别是“语言地位规划”,故晚近兴起的社会语言学已将其纳入研究对象。我们认为语言规划特别是“语言地位规划”隶属于社会语言学更加合适。

六、教育部的分类目录应该与国标基本一致

教育部的分类目录和国标在一级学科的层面上必须一致,即语言学为一级学科。在二级学科和三级学科的层面上,根据教育部门的实际情况允许有所不同。因为教育部在不同的学校要设置什么学科,关系到招生和培养人才的问题,所以二级学科、三级学科可以有一些调整。但是一

级学科必须是一致的，在一级学科的层面上不分中文、外文和少数民族语言，应该跟国标一致，在有条件的学校设置语言学系，全面铺开可能有很多问题和实际困难。其余学校可能还要维持原有的格局，文学院、外文学院；中文系、外文系的格局还不能打破。

七、语言学学科级别系统的修改建议

一级学科：语言学。

二级学科(11 个)：

1. 普通语言学：语音学、音系学、句法学、语义学、方言学、文字学、语用学、修辞学、人类语言学、手语等。

2. 心理语言学(含认知语言学)。

3. 神经语言学(含病理语言学)。

4. 比较语言学：历史比较、类型比较、双语或多语对比等。

5. 语言地理学。

6. 社会语言学(含语言规划)。

7. 汉语言文字学：古代汉语、现代汉语、汉语方言、汉语史、汉语修辞、古文字研究等。

8. 少数民族语言学(可分语种)。

9. 外语语言学(可分语种)。

10. 应用语言学：(母语/第二)语言教学、计算语言学、实验语音学、词典学、法律语言研究、翻译学等。

11. 古代文献研究。

总之，教育部的分类目录和国标应基本一致，语言学应列为一级学科。语言学与文学应分不应合，“语言学与应用语言学”这个学科名称应取消，保留“应用语言学”这个学科名称。重新拟定语言学学科分类级别。

语言研究新趋势与语言学学科建设

陈忠敏

复旦大学中国语言文学系

摘　要　文章从语言学学科的本质、研究范围以及世界语言研究的前沿和潮流来谈我国高校的语言学学科建设，指出语言学属于认知科学，今后语言学研究的新趋势是与神经科学相结合的神经语言学，据此我国高校语言学科建设必须突破旧学科藩篱，提前布局开设相关课程，为语言研究的新趋势培养新人。

关键词　神经语言学　病理语言学　认知科学

语言学是研究语言的一门学科，研究人类 7 000 多种语言的共性，语言各自的结构、特点以及语言的演变。语言本体研究包含对语言成分、结构、系统的共时描写和研究；语言的历时演变和比较研究，以及与之相关的研究理论、方法等。语言学的核心专业知识应该包括：

1. 人脑对语言的处理。
2. 语言的共时结构。
3. 语言的历史演变。
4. 语言的社会功能。
5. 语言的应用技术。

近年来，国外一流大学的语言学系语言学研究的动向是在保留原有基础研究的同时，拓展以下几个方向的研究和教学。① 跟医学院合作开展语言病理学研究，这是非常重要的领域。因为不管是哪个国家都会在医学方面大量投入，其中有很大的一块是跟语言有关的。② 跟计算机学院或人工智能领域合作开展语言合成研究，在语音识别、电脑人工智能化研究等方面大量投入研究力量，这是非常大的投入。③ 跟翻译、母语/非母语教育的语言习得相关的研究,因为世界越来越同化、交流也越来越多,而人类交流最主要的载体是语言,所以语言习得(一语或二语)和语言翻译将在今后语言研究中占据重要地位。④ 跟社会、政治、经济、文化有关的语言社会功能的研究,语言服务、语言政策等语言的社会功能也是很重要的一块,因为语言问题涉及国家和民族的认同、国家的独立、政局的稳定等问题。⑤ 神经认知科学是研究人类心灵和智能的本质以及内在神经机制的科学,是心理学、神经脑科学、计算机科学、语言学、人类学和哲学构成的交叉学科。它基于现代信息加工理论,对人脑、行为和心理的关系做深入的探索。虽然这门学科已有150多年历史,但真正成为显学是从20世纪90年代有了脑影像技术开始的。自此,神经认知科学才被称为科学中的皇冠,是21世纪人类最可能取得重大突破的五大科学领域之一。如果神经认知科学是科学的皇冠,那么神经语言学就是皇冠上最耀眼的明珠。只有人类具有语言,所以语言的认知是最为高级的一种认知,所以越来越多的科学家,不管他的学科背景是不是语言学,都开始从事神经语言学研究。笔者认为语言最为重要的功能仍应该是交际和思维,交际和思维的本质是一种高级的神经认知,所以语言学也应该是认知科学的一个分支。语言研究理所当然应该包含神经语言学,语言学家也应该有责任从神经认知科学这个角度来研究语言学。

Broca和Wernicke是研究语言和大脑的两位先驱,他们对失语症患者死后大脑进行解剖,发现大脑有语言功能区,这是一个很重大的发现。第一阶段的成就是揭示了大脑的语言功能区,也发现大脑处理语言有偏侧化(左脑)的特点。第二阶段就是20世纪90年代,有了脑影像技术,我们对人脑语言处理和加工有了深入的认识,发现了语言的功能神经网络结构。语言补偿功能的神经解剖机制的发现和应用也是一个重大发现。补偿功能的发现是近20年来神经语言学领域中一个很重要的发现。年纪大了的人都会脑萎缩,但这对正常人的语言功能是没有损害的。我们没有看到七八十岁的老人说出的话都是病句,但是他们的大脑,包括语言功能区一定是有某种程度的萎缩的,且这种萎缩随着年龄增大越来越明显,但这并不妨碍正常的言语交际。因为人脑可以启动补偿机制,用某一地方的脑区或者链接来补偿萎缩的脑区和链接。这种发现对医学也有很大的贡献。比如“broca失语症”。我们可以找到对侧的broca区域,来早一些激活“备胎”,让补偿机制早一点产生作用。脑的语言神经网络发现也是一项重大的成果。左侧脑上面的两层(上颞叶到顶叶再到额叶)神经束,一层是管发音的,一层是管深层复杂的句法结构,下面(中底颞叶区)的神经束主要是管语义和理解的。现在的研究表明,人类接受和解码语言并不是客观接受,而是主观的感知,听者雇用了自己大脑运动皮层中的语音发音计划及编程来对外来的语音解码。换句话说,外来的语音只有跟自己储存的发音信息、语音规则相匹配,听者才会认同这个(些)外来的语音。(Liberman 1985;陈忠敏 2015)这一机制很好地解决了人类语音发音变异与语音感知之间的困惑,以及特定语音规则经验和掌握,对语言习得也有很重要的启示。

神经语言学还跟病理语言学有关,比如失语症诊断、评估、治疗、康复等就是神经语言学与病理语言学交叉领域。病理语言学也逐渐成为语言研究的热点领域。失语症是大脑言语区域以及相关部委损伤所导致的获得性言语功能丧失或受损症状。运动性发音障碍,神经肌肉病变也会导致构音器官运动发生障碍。这些病症表现为不会说话,说话费力,发声发音不清。我国的失语症患者保守估计有 4 千万,如阿尔茨海默病是一种起病原因不明,进行性发展的神经系统疾病,临床上以记忆障碍、失语、失认、视觉认知损害、执行功能障碍以及人格和行为改变等全面性痴呆表现为特征。85 岁以上患病率可达到 20%—30%。2018 年全世界约有 4. 6 亿有听力问题的人。言语与听力康复学是跨学科的,主要是语言学、医学、电脑科学教育学专业,培养语言习得及病理语言测试鉴定、校正、训练的语言校正师和康复师以及相应的研究人员。病理语言测试、鉴定、矫正、训练包括聋哑人病理语言资料及康复、电子耳蜗种植后病理语言康复、唇腭裂病人术后的病理语言康复、失语症病理语言康复,以及其他原因造成的言语障碍,这些言语障碍都可通过测试、鉴定、矫正和训练来提高患者的生活品质。

儿童言语发育比较延迟的问题是指儿童在生长发育过程中言语发育落后于实际年龄。主要表现为不会说话,说话晚,发音不清,我们急需制定汉语学龄前语言智力评估手册。

据世界卫生组织的《2021 年 WHO 世界听力报告》,听力受损 20 分贝以上的人群,占全世界总人口的$\frac{1}{5}$,大约是 15. 8 亿,在中国是 2. 2 亿。

据《中国听力健康报告(2021)》统计,我国听力障碍且必须得到医疗干预人数是 2 780 万,但是我国从事听力康复的人员大概只有 1 万人,而且很多人没有资质,专业水平低。美国有 1 千多万人有听力障碍,从事听力康复的注册人员有 3 万人,都是硕士学位以上,且都有注册证书。西方发达国家听力康复需求比是 1∶600。按这个标准我们中国还缺少 25 万言语听力师,更为重要的是培养言语听力康复师的教师以及研究人员严重缺乏。在我国,病人的母语是汉语,汉语有自己的语言特点,需要由懂汉语的语音学家或者语言学家根据汉语的特点来制定病人术后汉语语音清晰度测试表,训练的字、词、词组、句子等标准,汉语方言和民族语言极为复杂,语音差异也很大,我们还要根据这些特点来照顾各地的患者能听懂并说出他们各自的母语。这一领域的高级人才必须拥有汉语语言学、临床医学、电脑科学、神经科学以及教育心理学等多学科的专业知识,但是目前我国高校还没有正规培养拥有这种知识结构的人才。

随着经济的快速发展,全球化已成为当今世界的主流,具有语言学背景的专家在许多领域中将会更加受到重视。相关领域和职业包括: 人类学领域、考古学领域、计算机科学领域、言语通信技术领域、语言教学领域;语言学家、语言病理学家、听力学家、翻译、口译员、市场营销。社会发展需要语言学家和语言学工作者,但是目前我国高校设置在中文系或外文系下的语言专业课程陈旧、学生的知识结构不合理,培养出来的学生无法适应社会的要求。

现代语言学是以语言学本体研究为核心,用跨学科、跨专业的理念和方法来研究语言学。复旦大学"现代语言学"学科已在 2017 年纳入三部委(教育部、财政部、发展和改革委员会)双一流学科建设名单。为了做好做强"现代语言学"学科,复旦大学根据自身学科全、综合能力强的特点,综合中文系、外语学院、计算机学院、类脑研究院、生命科学院以及医学院相关学科研究人员的优势,深入融合,成立现代语言学研究院,打造现代语言学大学科平台。现代语言学研究院的布局将有利于促进传统的语言学与计算机科学、脑科学、人类学、心理学、医学等学科的交叉融合,将为新文科建设拓展新的前沿领域,开创新的研究范式。

根据国外以及世界语言学的趋势,复旦大学新成立的现代语言学研究院设立以下几个单位: 语言认知研究所,计算语言学研究所,语言习得与教育研究所,东亚语言数据库研究所,语言学实验室,研究院办公室。2019年开始招收硕博研究生。研究生的教育主要根据导师研究领域培养。研究院没有本科教学的任务,为了弥补此缺陷,陈忠敏教授根据现代语言学前沿性、跨学科的理念,设计面向全校本科生的"神经语言学"学程课程。"神经语言学"学程的目的:在本科阶段激发学生跨学科研究语言的兴趣;为学生今后从事神经语言学、类脑智能研究、言语听觉科学(病理语言学)等工作和研究打下扎实的基础。学程实施对象是本校一至四年级所有专业的本科生。修满神经语言学学程课程,将另发学程结业证书。学程课程包括必修课、选修课以及参加与神经语言学相关的暑期学校。具体学分要求是:在所列的学程课程中,至少修读19个学分,课程门数不少于9门。必修课程为:语言学概论、语音学、脑科学导论、语义学、语法学、神经语言学、计算语言学,计7门,15个学分。选修课10门:语音发声和感知的解剖生理机制、实验语音学、神经语言学实验设计、音系学、功能语法学、跨语言语法比较、历史比较语言学、汉藏语系概论、汉语方言学、语言统计学,可以选修其中2门;至少参加一次神经科学、言语听觉科学FIST(Fudan Intensive Summer Teaching)、基于学科交叉的当代语言科学导论FIST等语言学暑期学校。申请人在本科阶段达到上述要求,可向学校申请"神经语言学"本科学程结业证书。

现代语言学研究院语言学实验室的老师们还为全校学生(包括本科生、研究生)开设与语言实验相关的课程。如"实验语音学""实验语音学方法论""语言发音感知的解剖生理机制""语音学""语音学与音系学概论""神经语言学""心理语言学:理论、实验及研究方法""社会语言学""语言统计学""言语与听觉科学""神经影像数据介绍与分析"。复旦大学现代语言学院以及语言学实验室和相关课程的详细介绍请看复旦大学现代语言学研究院网站:https://imoll.fudan.edu.cn/。

复旦大学现代语言学研究院还要在摸索中前进。我们希望通过崭新的培养方案和跨学科研究的理念培养新一代语言学人才,引领我国语言学研究走向世界语言研究的前列。

参考文献

1. 陈忠敏.肌动理论和语言认知.外国语,2015,38(2):15-24.(人大书报资料中心复印报刊资料《语言文字学》2015年第6期全文转载)

2. 中国听力医学发展基金会. 中国听力健康报告(2021). 北京：社会科学文献出版社,2021.

3. Liberman A M, Mattingly I G. The Motor Theory of Speech Perception Revised. *Cognition*, 1985(21): 1 - 36.